股市投资致富之道

投资大师费雪

教你怎样炒股

〔美〕菲利普·A.费雪 著
刘寅龙 译

SPM
南方出版传媒
广东经济出版社
·广州·

图书在版编目 (CIP) 数据

股市投资致富之道 /〔美〕菲利普 · A. 费雪著 ; 刘寅龙译 . —广州 : 广东经济出版社，2009.5
ISBN 978-7-5454-0237-7

I. 股… II. ① 费 …②刘… III. 股票－证券投资－基本知识 IV. F830.91

中国版本图书馆 CIP 数据核字（2009）第 078115 号

版权登记号 图字 : 19-2008-067 号

Paths to Wealth through Common Stocks by Philip A. Fisher

出版发行	广东经济出版社（广州市环市东路水荫路 11 号 11 楼）
经销	广东新华发行集团
印刷	深圳市福圣印刷有限公司
开本	787 毫米 ×1092 毫米 1/16
印张	14 印张
字数	181 千字
版次	2009 年 7 月第 1 版
印次	2020 年 9 月第 9 次
书号	ISBN 978-7-5454-0237-7
定价	32.00 元

如发现印装质量问题，影响阅读，请与承印厂联系调换。
发行部地址 : 广州市环市东路水荫路 11 号 11 楼
电话 : (020)38306055 37601950 邮政编码 : 510075
邮购地址 : 广州市环市东路水荫路 11 号 11 楼直销部
电话 : (020)37601950 37601509 邮政编码 : 510075
图书网站 : http://www.gebook.com

广东经济出版社常年法律顾问 : 屠朝锋律师、刘红丽律师

20世纪最伟大的投资顾问
成长股价值投资策略之父
现代投资理论的创始人之一

(Philip A. Fisher,1907—2004年)

费雪与成长股

费雪专注于成长型投资，重视公司经营层面质化的特征，此乃现代投资管理理论的重要基础。他强调挖掘可投资标的“葡萄藤”理论，深受投资人士及基金经理人推崇。费雪被称为最伟大的成长型投资大师,他与价值型投资之父本杰明·格雷厄姆(Benjamin Graham)同为“股神”沃伦·巴菲特(Warren E. Buffett)的启蒙老师。

作为顶级投资大师，费雪却异常低调，几乎从不接受任何访问。1958年，他的《怎样选择成长股》(*Common Stocks and Uncommon Profits*)一出版就成为广大投资者必备的教科书，该书随即成为《纽约时报》(*The New York Times*)有史以来第一部登上畅销书排行榜的投资的著作。

巴菲特读过《怎样选择成长股》后亲自登门向费雪讨教，他认为费雪的投资理念令人折服。“成长股”这一概念也随着该书的畅销而成为投资者耳熟能详的名词，追寻“成长股”的“成长型投资”更是自此成为美国股市多年以来的主流投资理念之一。

费雪四大投资准则

1. 超额利润的创造

（1）投资那些发展潜力在平均水平之上的公司。

（2）向那些拥有卓越的经营管理人才的公司看齐（重研发与营销）。

2. 利润必须具有成长性

（1）没有公司能永远维持其超额利润，除非公司能同时分析成本结构，了解政策制定中每个步骤所耗费的成本。

（2）落实会计制度与成本分析标准。

（3）以盈余维持成长，而不仅仅是不断增资，扩充资本。

（4）有卓越的管理阶层：经营者能制定公司长期生存策略，将短期利润列为次要目标，兼顾长期发展与日常运作。

（5）要了解经营者的意图，唯一的方法是观察他们如何与股东沟通，特别是对困境的反应和应对措施。

（6）公司管理者是否与员工发展良好的关系，升迁是否基于能力而非管理者的偏爱。

3. 买进绩优股的 15 个要点

（1）这家公司的产品或服务有没有充分的市场潜力——至少几年内营业额能大幅增长。

（2）管理层是否决心开发新产品，在目前尚有吸引力的产品线成长潜力利用殆尽之际，是否会进一步开发总销售潜力。

（3）和公司的规模相比，这家公司的研发投入能否产生同步的效果。

（4）公司有没有实力出众的销售团队。

（5）公司的利润率高不高。

（6）公司作了什么决策，以维持或改善利润率。

（7）公司的劳资和人事关系好不好。

（8）公司的高层主管之间的关系是否融洽。

（9）公司管理深度够不够。

（10）公司的成本分析和会计记录做得好不好。

（11）投资人是否能从其他的经营层面，尤其是本行业较为独特的地方，获得重要的信息并得出有价值的结论。

（12）公司有没有短期或长期的盈余展望。

（13）在可预见的未来，这家公司是否会因为成长而必须发行股票，以取得足够资金，使得流通股增加，导致现有持股人的利益受损。

（14）管理层是否只报喜而不报忧。

（15）管理层的诚信正直态度是否毋庸置疑。

4. 投资人“十不”原则

（1）不买处于创业阶段的公司的股票。

（2）不要因为一只好股票还未上市交易，就放弃买进。

（3）不要因为你喜欢某个公司年报的风格，就去买该公司的股票。

（4）不要认为一家公司的市赢率高，便表示未来的盈余成长已大致反映在价格上。

（5）不要对股票收益锱铢必较。

（6）不要过度强调分散投资。

（7）不要担心在战争阴影的笼罩下买进股票。

（8）不要忘了你的吉尔伯特和沙利文（吉尔伯特与沙利文指维多利亚时代幽默剧作家威廉·S.吉尔伯特与英国作曲家阿瑟·沙利文的合作）。

（9）买进真正优秀的成长股时，除了考虑价格，也不要忘了时机因素。

（10）不要趋之若鹜地买进股票。

费雪的八大投资心得

费雪历经半个多世纪的投资，得出自己的八大投资心得。

1. 投资目标应该是一家成长型公司

公司应当有按部就班的计划使盈利长期大幅增长，且其内在特质很难让新加入者分享其高成长。这是费雪投资哲学的重点。

2. 集中全力购买那些失宠的公司

这是指当市场走势或当时市场误判一家公司的真正价值，使得股票的价格远低于其真正的价值时，应该断然买进。寻找到投资目标之后，买进时机也很重要。如果有若干个可选的投资目标，则应该挑选那个股价相对于价值最低的公司，这样投资风险才能降到最低。

3. 真正出色的公司很少，当其股价偏低时，应充分把握机会，让资金集中在最有利可图的股票上

出色的公司在任何市场都只有5%左右，而能找到其中股价偏低的则更是千载难逢的好机会，一旦机会来临，应该重仓买进，甚至以全部资金买进。

4. 追求资本大幅增长的投资人，应淡化股利的重要性

在获利高但股利低或根本不发股利的公司中，最有可能找到十分理想的投资对象。成长型的公司总是将大部分盈利投入到新的业务扩张中去。若大比例分红，则多数是因为公司的业务扩张有难度，所以才将盈利大部分用于分红。不过，这是指现金分红，而以红股形式的分红则应该鼓励。

5. 为了赚到厚利而投资，犯下若干错误是无法避免的成本，重要的是尽快承认错误

良好的投资管理态度，是愿意承担若干股票带来的小损失，并让前途较为看好的股票利润越增越多。无论是公司经营还是股票投资，重要的是止损和不止赢。许多投资者往往是做反了，买进一只股票一旦获利，总是考虑卖出；相反，买进的股票套牢了便一直持有，让亏损持续扩大。

6. 抱牢股票，直到公司的性质发生根本性改变，或者说直到公司的成长率不再高于市场

除非有非常例外的情形，否则不应该因经济或股市走向的预测而抛售，因为这方面的变动太难预测。绝对不要因为短期原因，就卖出最具潜力的股票。

7. 卓越的股票投资管理，一个基本要素是不要盲从当前的金融圈主流意见，也不要为了反其道而行便排斥当前盛行的看法

投资人应该拥有更多的知识，应用更好的判断力，彻底评估特定的情境，并有勇气把你的判断结果告诉他人，当你是对的时候，要学会坚持。

8. 投资股票和人类其他大部分活动领域一样，想要成功，就必须努力工作，勤奋不懈，诚信正直

费雪说，股票投资，有时难免需要靠运气，但就长期而言，好运、倒霉会相抵，想要持续成功，就必须依靠技能和运用良好的原则。

根据费雪的八大投资心得，相信未来会属于那些能够自律且肯付出心血的人。

推荐序

刘建位
上海社会科学院产业经济学博士
汇添富基金管理公司首席投资理财师
巴菲特价值投资理念研究者和传播者
央视《学习巴菲特》节目主讲人

巴菲特从费雪那里学到了什么

让巴菲特成为世界首富的两位导师之一

众所周知，巴菲特是格雷厄姆的学生，但也许你不知道，巴菲特也是费雪的学生，只不过前者是他读研究生时的老师，后者是他在投资实践中自学时的老师。

巴菲特在看完《怎样选择成长股》后便去找费雪，见过面后，他感到费雪的理念令人折服。“运用费雪的技巧，可以了解这一行……有助于做出一个聪明的投资决定。”（[美]珍妮特·洛著：《沃伦·巴菲特如是说》，海南出版社，1998年，第25页）从此巴菲特成了费雪的超级粉丝：“我是费雪著作的狂热读者，我想知道他所说过的一切东西。”（[美]珍妮特·洛著：《查理·芒格传》，海南出版社，2003年，第119页）

巴菲特逐步将格雷厄姆的价值投资策略与费雪的优秀公司成长股长期投资策略完美地融合在一起，如此便形成了自己独特的投资策略，通过投资华盛顿邮报、可口可乐等优秀公司，成为身家620亿美元的世界首富，取得了远超两位导师的投资成就。巴菲特将自己的成功归结为：“我是‘85%的格雷厄姆和15%的费雪’。”

巴菲特的成功告诉我们，要想取得巨大投资成功，就一定要向费雪学习。“如果我只学习格雷厄姆一个人的思想，就不会像今天这么富有。”巴菲特如是说。

费雪名著《怎样选择成长股》的实践指南

1958年费雪出版了《怎样选择成长股》，60多年来，这本书已经成为成长股投资的“圣经”，深刻改变了无数投资者对成长股投资的认识，其中就包括巴菲特。

当时，费雪收到了很多读者的来信，集中关注于一个问题：如何实践。于是费雪花费了两年时间，写出本书，指导投资者正确地实践成长投资策略。

正确的实践，首先要有正确的认识，而要有正确的认识，就要抛弃原来错误的认识。请注意费雪在本书中那句惊天动地的献词：本书献给所有能彻底撇弃“人云亦云”的惯性法则，而始终坚持独立思考的投资者。

费雪从自己长期的投资经验中得出一个结论：“在投资这个问题上，很多让我们信以为真的教义，很多让我们从不怀疑的哲理，归根到底，只不过是一个骗局而已。而那些拥有火眼金睛的离经叛道者，总会因为直面真理而被厚待。”

本书从投资者常见的投资误区入手，用客观的分析和长期的数据对之一一批驳，结合实例阐释真正正确的成长型投资理念，让投资者迅速领会掌握并付诸实践。

像读经典文学名著一样阅读这本投资经典

不可讳言，本书中的行业分析和案例分析部分内容有些过时，毕竟这是一本1960年出版的书。近50年前的成长行业和成长公司，如同当时流行的衣服和电影，现代人看起来肯定有些过时。但费雪分析时所运用的框架、逻辑和方法绝不过时。希望大家用阅读《红楼梦》、《三国演义》这些古典名著的态度来阅读这本古典投资名著。

想一想，巴菲特19岁时读了格雷厄姆的书，到他被誉为“股神”之后，他仍然认为格雷厄姆的书是最好的投资教材，他说，如果你要学投资的话，一定要读费雪的书。原因很简单，在费雪这位大师的经典投资名著中，投资思想和基本原则永不过时。

巴菲特说：“如果我没有阅读费雪的书的话，那么比我更富有的人将大有人在，我甚至无法计算出35年前我购买他的书所带来的总收益率到底有多么巨大。”

要想投资成功，就像巴菲特一样阅读费雪的著作吧。

肯尼斯·费雪 (Kenneth L. Fisher)
费雪投资公司创始人
《费雪论股市获利》《投资最重要的 3 个问题》作者
《福布斯》"投资策略"专栏作家

今日重现的经典

本书是我父亲创作的第二本书，可以说，这也是他 1958 年的传世经典之作《怎样选择成长股》的姊妹篇。数十年来，《怎样选择成长股》作为斯坦福大学商学院的必读教材，深刻地改变了无数投资者对投资的认识，其中也包括沃伦·巴菲特。正是这本书，使巴菲特不再完全照搬本杰明·格雷厄姆的投资模式，开创了自己的投资新纪元。与该书相比，《股市投资致富之道》在实际销量、影响力或是持久性等方面似乎略逊一筹，但对于任何一个想了解资本市场的人来说，它绝对是必读之物，原因有两点：

首先，对于《怎样选择成长股》中提出的很多重要投资理念，本书在深度和广度上均有所突破。我父亲认为，本书中的很多内容，都应该放在《怎样选择成长股》里。因此对任何一位痴迷于《怎样选择成长股》的读者（这样的读者远比你想象的要多）来说，只有读完此书，才算是真正地看过《怎样选择成长股》。在我父亲出版《怎样选择成长股》两年之后，也就是他到斯坦福大学商学院讲授投资学课程之前，本书才正式出版。在书中，他进一步详细阐述了强势股票脱颖而出、超级企业与众不同的关键所在。

其次，对于投资业的状况以及20世纪60年代业内人士对投资市场的忧虑，本书的阐述和剖析绝对是最权威的。因而，在某种意义上，本书可以算作一本投资史。虽然作者的本意并非如此，但这已成为有目共睹的事实。即使是那些年纪足够大的专业人士，也很少会有人清晰地记得20世纪60年代的事情，我也不例外。我是在餐桌旁全神贯注地听父亲娓娓道来当年的记忆，才了解了那个时期。当时，我的眼中还闪现着孩童般天真的疑惑，而那时的我已经56岁了。如果你年长我10岁，而且正面临退休，你对那个时代的了解肯定要比我多。但按年龄算，那时的你恐怕也只是个初出茅庐的新人，人生路上的风景让你眼花缭乱，对市场的印象肤浅单薄，而深刻的认识更是无从谈起。20世纪60年代是投资史上一个极其重要的时代。它为此后20年的投资市场奠定了一个坚实的基础，正是在这个基础上，市场净值才能在波澜起伏中稳步增长。因此，从一位顶级投资者的视角了解这样一个时代，本书的重要性不亚于任何一部投资史。

2007年，我出版了自己的第一本新书——《投资最重要的3个问题》（*The Only Three Questions That Count*）。该书出版后不久，即被《纽约时报》（*New York Times*）评选为商业类畅销书。这本书的基本思想可以概括为：半数以上曾被我们尊奉为至理名言的投资理念，其实只不过是一些虚假的神话。只要我们善于不断寻找新的方法，用合理的方式对其进行评价，而且敢于尝试和冒险，我们就能知晓他人所不知道的东西。因此，我对《股市投资致富之道》这本书的致辞倍感深切：

本书献给所有能彻底撇弃"人云亦云"的惯性法则，而始终坚持独立思考的投资者。

这句话言简意赅，却揭示了一个颠扑不破的真理。不要忘记，现代资产组合理论在当时还远不及今天这样被广为接受（马科维茨的现代资产组合理论在当时还处于萌芽阶段）。

我父亲当时提出这样一个问题："我们是否还需要另一本投资大作呢？"今天，随着越来越多让普通人感到高深莫测的所谓投资专著充斥市场，这个问题也就更显得迫切而现实了。可以说，在任何一个年代，真正称得上是经典之作的，能经得起时间考验的投资著作，绝对不会超过2本。事实上，我已经很多年没有遇到这样的书了。

本书第1章讨论了当今社会最令人关注的问题：通货膨胀。你也许会发现，尽管他的分析尚不完整，但颇具预见性。之所以说他的分析不够完整，是因为当时的他还没有机会接触米尔顿·弗里德曼（Milton Friedman）不久之后提出的、被广为接受的货币主义学说。实际上，直到3年之后，弗里德曼才推出了他那本能够改变世界、开创新纪元的《美国货币史，1867—1960年》（*A Monetary History of the United States,1867—1960* 年）。而若干年之后，这本厚达860页的巨著才轰动世界，并为世人所接受。

但本书中分析的前瞻性和预见性，却并未因此受到任何影响。应该说，就连弗里德曼也为本书令人难以置信的精辟分析所动容：中央银行加息或减息，为什么未必与其控制通货膨胀率的货币政策保持一致。我父亲会告诉你：在一定的条件下，美联储加息很可能会加大通货膨胀压力，而不是像我们一直认为的那样，会缓解通货膨胀。

我父亲还指出，美联储不应该把加息或减息作为对抗通货膨胀的基本手段。对于这样的说法，弗里德曼定会拍手称道。但遗憾的是，现今的世界肯定会让我父亲和弗里德曼倍感失望：因为中央银行当前用来对付通货膨胀的主要手段，依然是让人眼花缭乱而又徒劳无功的利率调整。

接着，父亲又为我们描绘了一个与弗里德曼学说相悖的通货膨胀图景。按照他的理解，美联储对通货膨胀所作出的种种反应，大体上与美国社会大趋势相吻合。我坚信，他的分析和认识是正确的。如果我们把美联储看作一个社会发展的必然产物，一个随时间推移，由社会价值观选择而形成的最强大的牺牲者，那么我们也就不难理解为什么它会在某些情况下悠然自得，但在另外一些情况下如坐针毡。父亲曾经预见：通货膨胀还将继续存在，甚至可能会加速。事实已有力地证实了他的预言。20世纪60年代，不断膨胀的政府支出，婴儿潮带来的消费增长，推崇高消费、鄙视节俭、推动市场价格不断增长的社会伦理观——所有这些因素的推波助澜，必将让通货膨胀变本加厉。

但他话锋一转，又指出：这其中也蕴藏机遇。尽管全部股票的增值率未必能抵消通货膨胀率，但某些出类拔萃的股票绝对可以做到。在利用股市正常波动性的时候，尽管择时操作很少能收到什么效果，但一旦发挥作用，就可以带来丰厚的利润。股市在低迷期之后出现的反弹，可以轻松弥补多年以来的通货膨胀损失。毫无疑问，他正在无限地逼近于“根据市场时机调整投资策略”的致富真谛。

父亲还反复验证了“科技是通货膨胀的敌人，也是投资者的朋友”这一观点。本书也许是第一本提出科技对生产力、经济增长和通货膨胀之影响的作品。不要忘记，我父亲终生都在不遗余力地坚持和推行这一理念，在此问题上，他绝对是当之无愧的先行者。**他认为，整个社会存在一种偏袒通货膨胀的倾向，这种倾向从来就没有停止过；而科技在提高效率和削减成本方面的力量却被人们所忽视。**

在这里，我不想对此多作赘述。总而言之，这些观点即使在今天也是毋庸置疑的。在我们今大所生活的世界里，人们对通货膨胀似乎视而不见，因为生产率在过去10年里的飞速增长已经超出了大多数预言家的想象力。但这种毫无原则的忍耐绝对是错误的。原因何在？我父亲早在50年前就已经预见到了。他坚信，新企业的建立可以有效地减少成本，并有助于抵御通货膨胀，然而与此相反的是，政府为了抑制以新技术为手段、以削减成本为宗旨的新企业而采取的一系列措施（其中包括提高短期利率），则会更加助长通货膨胀的气焰。

他当然不可能预见后来所发生的一切，而所有这些又会让大多数工会主义者感到羞愧难当（工会主义倾向一直在政府工会之外迅速蔓延）。他也从来没有预言过这样一个世界：政府公务员需要、希望或是允许从政府那里得到工会保护。相反，正如他自己指出的那样，在他所能预见的那个世界里，政府公职的唯一作用，不过是给人们带来一份好姻缘。

至于税收如何影响股市的讨论，他更是走在了时代的前头——超前供给（pre-supply side）经济学。有趣的是，就在我们认为不会有人关注外来竞争和外国投资时，他却把目光集中于此。事实再一次证明，他的预见是正确的。

不过要认识到这一点，你还得把这本书当成一本史书来看待。

对于那些胸怀大志的富翁们来说，有一句话值得他们牢记。在本书中，他写道："最重要的是，我们一定要意识到：在一个大家庭里，最富有的人往往也最容易遭到别人的妒忌和排挤。"这句话恐怕再正确不过了。但是不应忘记的是，我们又何尝不想成为被大家所嫉恨的人呢？

尽管他所说的是另外一种情况，但有一点是千真万确的：**如果想被自己的兄弟姐妹、侄子外甥或是其他人嫉妒和讨厌，最好的一个办法就是比他们更富有。**想被人厌恶的想法似乎有点不近人情，但变得富有却是很多人梦寐以求的事情。

在第2章里，他为我们讲述了一家名为"先锋金属有限公司"（Pioneer Metals Corporation）的企业。这同样是一个尽人皆知、但从来没有被认真思考过的经典案例。一个人，一个想法，还有一件不说你也知道的事情：一个负债累累的公司和一只毫无价值的股票，在短短几年里居然摇身一变，变成一个让全世界为其创新理念所叹服的强者。在阅读第2章的时候，我确实被这个案例的深度和震撼力所折服，因为10年后美国纽柯钢铁公司（Nucor Steel）发生的一切，竟然与此如出一辙。

纽柯钢铁公司的精彩之处在于：肯·艾弗森（Ken Iverson）信手拈来，就把一家濒临破产的企业变成世界上成本最低的钢铁制造公司，并最终成为美国最大的钢铁制造商。在这场波澜壮阔的变革中，我有幸在其中一试身手，小捞了一笔：我们在1976年发现了纽柯钢铁公司这匹黑马，便不失时机地率领一个投资集团参与其中。我父亲当然不会放过这个千载难逢的机会，他一直持有股份到他去世，彼时，这笔原始投资涨了100多倍。纽柯钢铁公司在这10年间的经历和演变，几乎就是这个虚构的先锋金属有限公司的翻版。如果不了解纽柯钢铁公司，你肯定会错过美国企业史上最经典的一段传奇。即便如此，我还是建议你看看我朋友理查德·普雷斯顿（Richard Preston）撰写的企业传记《美国钢铁：钢铁工人和传统制造业地区的复兴》（*American Steel: Hot Metal Men and the Resurrection of the Rust Belt*）。

本书的经典案例绝不止于此。同样让我们感到兴味盎然的，还有很多在各自领域扭转乾坤的人。在他提到比尔·休利特(Bill Hewlett)和戴夫·帕卡德(Dave Packard)创建惠普公司的惊天动地之举时，所有人都惊诧不已。按照我父亲的说法，惠普公司的市值“只有”1.5亿美元，但只要在当时买下惠普公司的股票并一直持有几十年的话，你注定会成为投资者中的成功典范。他提到的另一个例子是德州仪器(Texas Instruments，简称TI，全球领先的半导体公司，为现实世界的信号处理提供创新的数字信号处理及模拟器件技术。除半导体业务外，其还提供传感与控制、教育产品和数字光源处理解决方案。——译者注)。对于这样的公司,一个人应该做的,就是赶紧买下这本书、买下它们的股票，这样，他就可以在几十年里让身边的人羡慕不已。这本身就是一个精彩的故事。

在我看来，第3章并不是本书最出色的片段。无论从哪方面来看，这部分都没有什么值得称道之处，更谈不上什么未卜先知的断言，恐怕连我都能讲出这些平淡无奇的道理。自初版以来，本章的大部分内容一直是介绍怎样挑选投资经理。因此,本章最重要的概念无非是告诉我们：在20世纪60年代,这个过程是多么地原始。

但第4章马上会让你感到意犹未尽。如果CEO们能在并购问题上听听他的意见，那么那些大集团公司也许根本就不可能在20世纪60年代遭遇那么多的麻烦。在他的笔下，那些愚蠢且不理智的并购，几乎被批判得体无完肤。

至于哪些并购更容易成功、哪些并购会以失败而告终，他更是为我们作出了精辟的分析和预测。简而言之，我父亲的观点是：**那些采取前向一体化、后向一体化或是坚持在自身核心能力领域内稳扎稳打的公司，更有可能取得成功，而那些追逐横向多元化经营的企业，厄运往往就在前面迎接它们。**当然,20世纪60年代的并购狂潮,几乎是清一色的横向多元化。回顾那段历史，除了教训之外，对整个社会的进步而言也许一无是处。但对任何一个准备实施并购或是拥有并购公司或其股票的人，他提出的9条并购原则绝对不能错过。这对于2007年来说显得尤为重要，因为就在本书再版的2007年，股票现金收购也达到了历史新高。

第4章关于投票权的部分则揭示出，目前我们对企业治理问题以及股东投票权的强调是多么愚蠢。而他早在50年前就已经认识到了这一点。几十年前，整个社会在此问题上误入歧途，并沿着这个错误的方向走了下去。这给我们带来了巨大的伤害。

让我们来谈谈2007年的投资形势。首先我不得不说的是，他在书中一语中的地指出：两党之间轮流执政，使得政客和政治并非如我们所想象的那样诚实守信，至于为什么要卖出股票，甚至为什么要调整持有股票的类型，也毫无理性可言。在这里，他的切入点更多的是议会更替，而不是总统轮换。因此，他的观点似乎更符合2007年的情况。而他在近半个世纪前提出的观念，似乎完全是在说2007年。

第5章之所以能吸引读者，部分源于它对历史的洞悉，部分则在于它为投资分析提供了一种标准化工具。我父亲的关注点是现实的行业分析。从表面上看，本部分的大多数内容似乎与当今读者寻求股票投资高见的渴望毫不相关。大多数读者会感到不可思议：他们居然会花费这么多的时间去研究化工行业，这肯定会让他们茫然不解。但在当时那个时代，这确是一个飞速成长的行业，其增长率是整个国民经济增长率的3倍！而时至今日，即使一个以3倍于国民经济增长率的速度成长的行业，也无法得到所有人的青睐。

化工行业在当时的地位，就如同技术行业之于今天：连续几十年的快速增长，造就了一个巨大的聚宝盆，不仅吸引着众多规模庞大、声名显赫的企业，很多初出茅庐的小企业也趋之若鹜。父亲清晰无误地告诉我们，如果能找到一个经营健康、持续成长的化工企业，只要它能保持稳健的成长性，你就可以在很长时间里躺在这个聚宝盆里坐享其成。在这个问题上，他着重提到了两家公司——陶氏化学和杜邦(DuPont)。即使是在今天，它们依然是美国最大的两家化学公司。在20世纪60年代买入这两家公司股票中的一只，只要能坚持到七八十年代或是90年代末，你就可以轻松超越同期的市场平均获利率（杜邦是当时美国最大的化学公司，而陶氏化学则位居第五）。

我父亲从未提过联合碳化物公司（Union Carbide Corporation）、孟山都公司（Monsanto Company）、格雷斯(W.R. Grace)以及当时其他一些大型经济组织。它们都没能做到独善其身，保持最初的独立身份，最终或是被解散、剥离，或是沦落到被收购，其中就有部分业务被陶氏化学和杜邦所吸纳。其他一些规模相对较小，但在当时仍属于大企业的化学公司，比如史托福石化公司(Stauffer Chemical)和罗门哈斯(Rohm & Haas)，已经被竞争对手吞食，几十年前就已经退市。因此，我父亲一直关注陶氏化学和杜邦这一事实，恰恰验证了他的高瞻远瞩：有些企业有着深厚的底蕴，因而能长久存续，有些企业则注定是昙花一现。

在20世纪50年代，我父亲就已经持有杜邦的股票，但他在60年代初卖出了这些股票。而陶氏化学的股票则一直持有到70年代末才最终出手。在卖掉陶氏化学股票时，它已经成为美国第三大化学公司，公司实力已经得到了巩固。时至今日，陶氏化学在美国化工行业的霸主地位已经牢不可破。今天，化工行业已经和普通商品行业毫无二致，呈现出较低的增长率，而且在很久之前就已成为一个竞争性行业。

这种情况也许仍然适用于不久的将来。在第5章里，我父亲并没有讨论技术行业。他提到的是“电子行业”。当时，这还是一个令人憧憬、让人振奋的新兴领域，在这里，小企业可以让大公司俯首称臣，以迅雷不及掩耳之势成为行业巨人。此时，他着重强调了两家公司——德州仪器和安派克斯公司（Ampex）。前者早已成为不可动摇的电子巨人，而后者却已消失，在硅谷的历史中，如同一颗划过天际的流星，转瞬即逝。

他认为，它们都属于高风险、高增长领域，更接近于今天的生物科技，而不是真正的技术行业。在我看来，当今的高科技行业之所以突飞猛进，并不是因为业内的领导企业在真正引领行业潮流，而是因为它们大张旗鼓的创新式营销和产品设计。无论是亚马逊（Amazon）、苹果（Apple）、黑莓手机（BlackBerry）的制造商移动研究公司（Research In Motion，简称RIM）、易趣（eBay）还是谷歌（Google），从根本上说，它们都不是真正的技术型公司，因此，它们也不可能依赖技术创新实现成长。事实上，它们只是以创新性的市场研究、产品设计及分销，来满足消费者的某种需求。

但我父亲还指出，成功最有可能来自那些用跨学科方式对销售、营销和市场研究进行整合的公司。今天，这些真正依赖先进技术的企业，比如说处于行业领先地位的半导体公司，更接近于我父亲提到的化工企业。这也是我希望你用以看待当今电子业的方式，因为它与 20 世纪 50 年代的化工业几乎如出一辙。而现在的生物科技行业则应该被看作当初的电子业。在第 5 章，你或许可以找到很多希望看到的东西，当然也包括企业的运营理念。但我父亲所关注的，却是管理优势。因此，你可以了解到很多快速增长型企业的管理模式，以及它们在貌似平淡无奇的领域如何做到一往无前。

在探讨了医药行业之后，他又在第 5 章里对“其他值得投资的行业”进行了剖析，并就此提出了或许是他最具预见性的建议。20 世纪 60 年代，他认为很多新兴企业都是边缘行业。在这些领域，更多的是差异，而不是趋同，而正是这些差异，才让它们熠熠生辉、闪亮动人。抑或可以认为，它们根本就算不上什么行业。他还注意到，有些企业就在当时的全新“服务”性领域内，创造出了属于自己的空间。今天，尽管美国的服务业已经超越制造业，但回首 20 世纪 60 年代，在很大程度上，服务业还是一个不为多数人所知的新领域，在投资王国里更是无足轻重。

1960 年，几乎所有投资都毫无例外地集中于我们今天所说的制造业。本书认为，刚刚完成首次公开上市的 A.C. 尼尔森（**全球领先的市场研究、资讯和分析服务的提供者，服务对象包括消费产品和服务行业，以及政府和社会机构。——译者注**）和万宝盛华（Manpower）具有巨大的增值潜力。本书还关注到当时算是初来乍到的邓白氏公司（Dunn & Bradstreet，**国际上最著名、历史最悠久的企业资信调查类信用管理公司。——译者注**）。虽然毫无新意，而且这个名字在今天似乎已经让人们感到有点厌倦，和令人振奋、沁人心脾这样的辞藻更是相去甚远，但它们依然是 20 世纪 60 年代最热门的股票。

假如有人用我父亲在本书中提到的股票构建投资组合，他肯定能在 20 世纪 60 年代大赚一笔，而且绝对可以超越市场基准收益率。所有这一切都验证了我父亲在《怎样选择成长股》中提出并在《股市投资致富之道》中进一步阐述的诸多投资理念。对于如何选股，他的基本观点就是：**寻找最出类拔萃的企业，因为它们拥有卓越的管理，能通过不断进行的新产品开发而走在竞争前列，并引领未来潮流，与此同时，它们的股票又尚未被机构投资者完**

全接受和高估，因此，股价能在企业增长率的范围内持续上涨。即使是在47年后的今天，这一策略依然行之有效。

此后，他又在完成本书之后，向管理者提出了一个他曾经反复强调的问题。这也是我最喜欢的一句话：**"当竞争对手还在袖手旁观的时候，你在做什么呢？"**这句话的精彩之处就在于这个"还"字，它意味着：只要先行一步，你就可以走在竞争对手的前头，掌握主动，占据优势，或是迫使竞争对手只能跟着你的脚步。在我的投资生涯中，我经常用这句话启发自己，这让我受益无穷。因此，我希望你也能从这句话中得到莫大的启迪。可以说，我的每种投资策略、每个经营方针，无不以此为准绳。当竞争对手还在袖手旁观的时候，你在做什么呢？从某个意义上来说，这绝对是一个经久不衰的理念，并且贯穿于本书的始终。

但在阅读本书的时候，你也许会发现，我父亲的投资方式也存在一种内在风险。如果你未能准确把握企业管理，就有可能挑选到错误的股票。虽然本书提出的投资方式从根本上说是合情合理的，但在我看来，它的最大风险，或许是它设想了一个根本就不存在的卓越管理，因为在买进股票的时候，你仍然可以对其作出客观评价，因此问题的关键在于，当后续管理不如先前想象的那么好的时候，我们却浑然不知。这的确不是一个能轻松解决的问题。在我的职业生涯中，我曾经犯过无数次的错误。现在我采用了很多在当时还不存在的风险控制措施，这样，我就不会在出现问题时让自己麻烦缠身。尽管这并不是本书所讨论的内容，但我还是鼓励你接受并采纳这些最新的风险控制技术。

归根结底，我父亲提出的投资模式依然是最基本、最简单的选股方法。这正是他的第一本书能长盛不衰的原因。当然，这也是我乐于推荐他的第二本书并以此为荣的原因。开卷有益，让我们共同享受其中的奥妙吧！

肯尼斯·费雪

2007年

从此不再雾里看花

证券投资类的书似乎越来越像电视广告和马戏团里的滑稽小丑。大多数人认为，市面上的此类书籍已经多如牛毛，泛滥成灾。介绍如何打理股票的书更是层出不穷，这些书不仅让投资者眼花缭乱、迷惑不解，甚至它们自己也相互矛盾，这更让投资者茫然不知所措。因此，在出版本书之前，我一直在想，在这与日俱增的茫茫书海中，我的新书到底是在消解投资者的迷惑，还是让投资者更感到雾里看花。两年前，我就曾经把一本新书扔进这个已经拥挤不堪的书海。之所以这么做，是因为我坚信，这本书能给投资者带来一种值得借鉴的理念（即使是在今天，我对此依然笃信不已）。而读者对这本书的肯定，便是最好的见证。但如果再拿出一本书，是不是会使原本就不堪重负的投资书架难以承受呢？抑或只是在已经充斥了20种产品的香皂市场上，再增加一个新牌子呢？

正是在创作《怎样选择成长股》一书时的体会，促使我越来越深刻地认识到：我们的投资者迫切需要这样一本让他们拨云见日的书。**这本书不仅总结了投资者通过股票创造利润的方法，而且这种方法还将继续让投资者无往而不胜，更重要的是，它为我们揭示了一种以最小风险创造最大收益的投资策略。**该书的基本宗旨就是试图解决两个问题。首先，它告诉我们，对任何一公司，投资者或其投资顾问应如何确定它是否具有卓尔不凡的管理层，它能否通过有效的管理，为投资者创造一种能实现市值长期高速增长的投资工具；其次，该书还进一步告诉我们，对于这家非同寻常的公司，投资者到底应怎样掌握股票的最佳购进时机，又应如何把握转瞬即逝的抛售时机。

自第一本书出版以来，我陆续收到全国各地投资者写来的大量信函。在他们的询问中，我一次又一次地感受到：无论是身处市场的投资者，还是在股市门口徘徊的投资者，无不期待另一种更有价值、更有见地的投资理念。他们关心的话题无外乎以下两种类型。

其一，如何把我的投资理念（或是其他与此类似的投资理念）运用到未来即将面对的现实世界。比如说，通货膨胀的影响到底有多大，我们又该如何应对通货膨胀？外国企业的竞争压力及其投资预期如何？最适合于投资的行业是什么？本书第 1 章和最后一章的核心内容，就是探讨和解释这些问题，并告诉我们：眼前纷繁复杂而又势不可挡的通货膨胀，既有可能让某些股票飞速飙升，也有可能让另一些股票一落千丈，让那些曾经趋之若鹜的投资者叫苦不迭。但即使在这种情况下，投资者依然有可能在风浪中迎难而上，而不会伤痕累累。

其二，绝大多数投资者似乎已经意识到我在前一本书中重点强调的概念：凡是能真正创造超额利润的股票投资，不仅需要投资者具有一定程度的知识水平，还需要平常人所没有的空闲时间。因此，大多数人最迫切需要的，就是求助于投资专业人士。所有成年人，无论其年龄大小，也无论贫富贵贱，都在反复向我提出这样一个问题："怎样才能找到一个能让我真正信赖的人呢？"我发现，对于投资业务中不计其数的门类，人们对其优点和缺陷的基本认识竟然是如此的肤浅和贫乏。但恰恰就是这种背景知识，却最能帮助投资者找到自己的意中人。为了回答这些问题，我特意在本书中增加了对"投资者与其投资业务的归宿"的分析。针对这种基本的背景知识，我提出了一个五步骤程序，我认为投资者可以应用该程序选择最适合自己的投资方式。最后，我阐述了自己的最新投资观及其依据，并进一步说明投资咨询业到底应该怎样更好地发挥作用，为投资者提供更合理、更有效的投资建议。

为此，我通过两个篇幅不长的部分，对几个让众多投资者感到困惑的投资概念进行了剖析。我认为其中之一就是如何实现股票的最大增值，这恰恰揭示了投资领域中最重要的一个问题：盈利。但令人百思不得其解的是：90% 的投资者居然对此浑然不觉。

和我的另一本书一样，本书也延续了我一贯轻松自如、行云流水般的文笔风格。在这里，我一直用第一人称和你娓娓道来，我觉得我和你（也就是我的读者），就坐在一起，推心置腹，用亲切的语言分享我的投资心得。书中大量的事例和比喻，无非是让这些原本只有少数大投资家通晓的晦涩理论变得浅显易懂，让它们如一汪泉水，清澈见底地展现在每一位投资者面前。

不过尽管貌似简洁通俗，但我绝无过分简化这些概念的企图。虽然这种过分简化的写法可能会让读者感到，掌握股票投资艺术显得轻而易举，但往往会让投资者一无所获。因为他们得到的东西，太过简单而无法运用于某些现实，更不可能放之四海皆准。在我的第一本书出版之前，有人说我已错过了“大获全胜”的所有机会，因为我探讨的是发掘成功投资所需的一切，而这一切，又恰恰是所有人都不可能一蹴而就的。但公众对那本书的空前拥护，让我的顾虑荡然无存。他们让我坚信：大多数投资者最感到厌倦的，就是那些无法通过实践考验的超简化模型；而他们翘首以待的东西，却是那些虽然复杂却更符合实际情况的投资模型。

同样，在我前一本书中，我一直对是否能介绍我自认为最出色的理财方式存有疑惑，因为有某些思想似乎与这个时代的主流格格不入。在《怎样选择成长股》的第一版中，我曾经提到，**“对于股票投资的诸多领域，依然存在着为数可观的错误思维，更有众多亦真亦假的所谓真理，被无数投资者顶礼膜拜。但……对于股利而言，这种混淆却绝非危言耸听。”**今天，也就是在我发表这些观点的两年多之后，股市上就已经有了众多无可辩驳的例证，用铁一般的事实证实了这一观点。于是，仅仅在两年前还被人们奉为金科玉律的谬论，开始逐渐褪去原本就不应该存在的光鲜，变得黯然失色。我还清晰地意识到，本书很多观点，都与当时轻浮松散、漫不经心的思路大相径庭。当今流行的诸多时尚理念，在我看来，莫过于彻头彻尾的一派胡言、黄粱一梦，比如说美联储把“紧缩银根”政策当作抵御通货膨胀的手段，大力发展信托投资基金以及提倡国外投资的想法，不过是冰山一角，但却可以让我们略窥端倪。我只想的是，在投资这个问题上，很多让我们信以为真的教义，很多让我们从不怀疑的哲理，归根结底，只不过是一场骗局而已，而那些能火眼识真经的离经叛道者，总会因为直面真理而被厚待。这两年波涛汹涌的股市大潮中无数的事实证实了我的基本观点。如果看了我的第二本书，我敢肯定那些一味盲从潮流的人定会眉头紧锁。在本书中，我用对比的手法，把我对未来的判断以及对你的建议娓娓道来。

菲利普·A. 费雪

加利福尼亚州圣马特奥县（San Mateo）

Paths *to* Wealth *through* Common Stocks

目 录

第 3 章

成功之路，有章可循　115

在一定的期限内（比如 5 年），不同股票的市场表现之间会存在着巨大差异，只要投资者确信自己得到的建议是恰当的，那么，为此而支付的费用是多是少也就不重要了。

第 4 章

一叶障目，泰山依旧　145

我们可以把企业的大型兼并比作外科手术。在手术之后，如果一切顺利，患者的身体状况或许可以大为改观，但如果不顺利的话，也许会让患者的病情雪上加霜。

第 5 章

成长型行业分析基础　171

把握各行业间的内在联系，将有助于高水平投资者确定进一步的研究领域，从而发现理想的投资类型。

第 1 章

PATHS TO WEALTH THROUGH COMMON STOCKS

回顾历史，展望未来

在这个通胀意识浓厚的时代里，为什么还会有这么多的投资者，对持有现金感到如此恐惧？为什么他们总是匆匆忙忙地买进股票，根本就不愿意花点时间去寻找真正的投资机会呢？

某些时候，重大投资因素的本质变化会影响到大部分股票。遗憾的是，在这些新力量对市场发挥作用之后的相当长时间里，大多数投资者却依然一无所知，似乎根本就没有意识到这些影响的重要性。一旦它们开始发挥作用，受到影响的证券将会在价格上发生剧烈变动。财富总是属于那些较早意识到这些变化的投资者，即那些在市场因素影响个股价格之前作出行动的投资者。

首先，我们回顾一下 20 世纪 50 年代金融领域的两大变革，回顾与剖析这些变革，可以帮我们更好地理解和判断 60 年代的资本市场。

变革一：人们开始意识到企业管理艺术在这 1/4 世纪中取得的巨大进步，这让大型蓝筹公司之类的行业实体变成名副其实的投资热点。

正因如此，现在的人很难体会投资界在 40 年代末的普遍感受，那时候，大多数投资者为了规避畸高的市场风险，把主要资金投资于债券、高等级优先股或公共事业股票。那时的企业管理方式主要是家族式，企业管理者也许精明强干，也许反之。

按当时情况，授权绝对是一种偶然现象，企业管理层也很少会为了外部股东利益保持管理上的一贯性。接班人的培养问题也只是从家族利益的角度考虑，企业的管理权最终还是要传承给年轻的家族成员。而企业的领导者，则往往是不折不扣的独裁者。决策质量的高低，完全取决于他们的主观判断。至于收集背景材料，汇集外部专业人士的智慧，创造更完备、更合理和更客观的决策基础，这根本就是不可能的事。但假如企业能更灵活、更敏捷地处理日常事务与制订长期规划，强化对外部股东的责任感的话，要实现真正的腾飞也就指日可待了。

在这种情况下，投资者必定心甘情愿为股票支付高价格，公司股价自然会随之飞涨。这一点也许每个人都能理解，因此也不会有人对此感到惊讶，但真正让人感到不可思议的事情是，管理因素的巨大变化将提高股票内在价值的趋势，这将始终持续下去，直到股价最终完全反映内在价值。

变革二：越来越多的公司开始重视研发，并通过研发获得新技术，同时，通过市场创新与产品渗透策略，最终在销售和利润上实现大幅度提升。

当然，很多同样重要的发展趋势早已初见端倪。到了40年代末，这一趋势发展到了顶峰。但直到50年代，金融界才开始广泛认识到：一旦企业真正掌握这种能让它们受益匪浅的研发方法，该企业的投资价值将不可估量。但反过来说，这些最具潜力的公司，也正是因为50年代发生的飞跃，才真正让它们的股票市盈率反映出企业的内在价值。

我相信，通过研究50年代影响股价的“新”（至少在当时看来是新的）因素，可以让我们得到以下两个重要启示：首先，只要先于他人认识到这些新力量，投资者就能实现盈利（在某些情况下，也可能是避免亏损）；其次，直到这些新生力量出现一段时间之后，大多数股票的价格才开始反映出这些新生力量所带来的影响。

因此，要预测某些直到20世纪60年代才被市场所感知的新力量，并不一定非要预见未来的市场基本面。相反，它只需要我们审视目前最新的市场基本面，这是因为，某些股票并不能立刻作出充分反应，或是以出人意料的方式作出反应。

股票与通货膨胀

和此前的30年一样，进入60年代，通货膨胀依然是每个投资者都必须审慎面对的威胁。但随着60年代的逐渐来临，我认为，有一点是毋庸置疑的：人们愈发清晰地认识到股票所有权与通货膨胀之间的关系。因此，某个股票投资组合的抛出价格可能完全不同于当前市价。认识到这种关系，也许能帮助投资者规避未来的重大损失。

这个问题对投资而言意义重大。我认为，在研究通货膨胀与各类股票的关系之前，探讨一下通货膨胀的基本性质也许是值得的。一旦认识到其中的真谛，我们的投资思路就不会被某些政治领导人的教条所束缚。

当然，首先需要考虑的就是通货膨胀的含义。尽管这个术语有很多复杂的定义，但从投资角度看，把通货膨胀复杂化，既没有必要，也不是我们所期望的。就实务角度而言，通货膨胀不过是货币购买力的下降过程（只有在极少数情况下，才有可能暂时偏离这一过程）。这种状态明显不同于美国历史中的常见现象：美元在经历了相当长时间的贬值之后，开始步入同样漫长的另一个过程——所有商品的价格趋于下跌，而美元价值则相应上涨（即通货紧缩）。

对于投资者来说，首先需要理解的、同时也是最重要的事，就是要认识通货膨胀的如下特征：只要绝大多数美国人对政府责任与义务的现有观点不发生改变，通货膨胀就不可避免。削减政府财政支出和平衡预算是不可能同时实现的。假如削减政府支出并没有导致整体经济出现螺旋型下跌（这也是最理想的情况），那么，这些措施不仅会非常有效地降低通货膨胀率，甚至可以让通货膨胀率在一段时间内下降为零。可是，在当今美国政客们的任何言论本身都将产生一种对通货膨胀的永久性遏制机制。然而，这种言论不过是一种毫无实效的空谈而已。

为什么未来的通货膨胀注定不可避免呢？这是因为，在我们业已建立的这个经济体系中，通货膨胀的种子绽放于繁荣期，萌芽在衰退期。在美国的联邦收入中，约80%来自企业所得税和个人所得税。因为企业收入和个人收入与经济状况高度相关，只要经济稍有衰退，联邦收入就会急转直下。

但要注意的是，财政收入在经济形势恶化之时并不一定会下降。当经济形势的恶化导致联邦收入降至最低点时，只要启动失业保险和农业豁免税等法案，就可以强制性地大幅提高政府支出。此外，政府在恶性经济萧条期进行专项支付，早已成为一个国家的基础性法案，当然，这肯定是政府支出的一部分，也是其中影响最小的一个部分。只要看一下议会在1958年经济出现温和性衰退时采取的措施，这一切就不言自明了。所有提案的目的，无非是通过最直接简洁的方式，以牺牲国民财富来换取经济复苏。政府的经济措施，从大幅削减个人所得税和企业所得税（以扩大购买力），到建立专门机构向受通货膨胀影响的组织和急剧扩张的公共工程提供特殊贷款，可谓无所不包。

尽管大多数提案并不能通过立法程序，不过，最值得探讨的，还是它们失败的原因。虽然任何主要党派都不会反对“为了终结衰落所必备”的计划，但共和党则主张，无论怎样，衰退很快将自行终止，因此，最好的办法就是静观其变。除非复苏没有发生，而且只有在“那些措施必不可少”的情况下，才有必要采取刺激通货膨胀的措施（作者的意思是，共和党认为只有在找不到其他方法的情况下，政府才有必要实行扩张性财政政策，即赤字财政政策。——译者注）。1958年发生的一系列事件表明，当时经济衰退如此之短暂，以至于这些政府措施几乎归于无效。但任何一个对政治不敏感的人都会产生这样的怀疑：在这个被人为拉长的经济萧条期，当选的政客都会不约而同地选择巨额赤字财政政策吗？只可惜这只能让选民们再次体验经济衰退的痛苦。那么，是否任何人都会坚信，这种赤字政策根本就不可能有利于国家利益呢？我们有理由相信：巨额赤字与债务必将带来更严重的通货膨胀。

此外，我们还能清晰地体会到价格水平的普遍上升给民众带来的不公与艰难。但和30年代大萧条这样的灾难强加给工人和经营者的磨难与艰辛相比，这些不公与艰难是否同样会让人无法忍受呢？

对于每个人来说，无论怎样看待这个问题，压倒性的大众舆论都注定让我们别无选择。150年之前，在公众观念中，政府不仅要保持经济的长期繁荣，同时，就像我在《怎样选择成长股》一书中所说的那样——还需要保证每个人的婚姻幸福。直到50年之前，公众还依然认为，为了让每个人都能衣食无忧，政府就必须推动廉价品的生产。然而，公众意见并没有产生什么作用。在当时依旧强劲的农业经济中，这还远不足以形成通货膨胀性的财政赤字。当然，在当时，联邦所得税尚未出现。从相对值来看，政府收入并不像今天这样，随着经济形势的变化而剧烈波动。

那么，这种情况会让我们进入何种处境呢？无论是过去或现在，政府官员与他们的子民们都认为，政府有义务保持经济持续繁荣。这样的大众观念很难改变。遗憾的是，当经济低谷到来之时，政府所能采用的唯一策略，就是借助于超过税收的支出，创造出足够的购买力，以此扭转局面。可是，这又带来了更严重的通货膨胀。在自由的私人经济制度中，经济衰退似乎是我们接受这个体系必须付出的高昂代价。因此，只要我们依然处在这个自由经济制度下，难以预料的经济衰退就会偶尔出现。只要我们继续所谓的民主政治，让群龙无首的民意充斥于耳，通货膨胀的来临就会越来越频繁。

在这个问题上还有很多东西值得我们去思考。很多人错误地认为，专政可以遏制通货膨胀，同样，肯定还有更多的人持同样错误的观点：通货膨胀过程肯定存在某些内在的属性，促使通货膨胀不断加速。**通货膨胀就如同一匹慢跑的骏马，迟早要脱缰而奔，以至于狂暴不已，令人生畏。**我们经常会听到“飞驰型”（galloping）通货膨胀和“奔腾型”（runaway）通货膨胀，这两个术语就来自这个比喻。

有些人坚信，通货膨胀加速过程是不可避免的，他们的依据在于：当价格开始上涨的时候，富于远见的人总能预见到经济现状中蕴含的通胀前景。于是，在价格还没有涨得过高之前，他们就开始买入各种必需品。而这些“恐慌型”需求又进一步推动了这些商品的价格上涨，价格的日趋攀高，又促使通货膨胀率不断提高。同时，不断加速上涨的价格又必然会提醒别人：通货膨胀就在眼前。当这些人也预期到未来需求的时候，螺旋式的通货膨胀便获得越来越强大的推动力。消费者开始超前购买物品，商家开始囤积居奇，以至于存货数量远远超过正常水平，实际上，投机家们所做的，不过是利用这个全员推动的通胀风暴赚点快钱。

奇怪的是，尽管不乏诸多反证，但还是有很多厌恶通胀的人在杞人忧天。他们宣称，今日温和的通胀必将挣脱一切枷锁，演化为恶性通胀。这完全是在误导投资者。虽然这些人仅仅是在预想这种可能出现的趋势，但他们的观点却是错误的。遗憾的是，他们又总能得到公众的普遍认可。这种认可对投资者而言，意义重大，我们将在下文探讨这个问题。但我们首先要搞明白，为什么说这一观点不符合现实呢？多年以来，通货膨胀日趋加剧的观点已经得到商业界的普遍认同。在理性的商业世界里，没有人会在经济稳定期囤积存货。相反，大家都在想方设法地降低库存，其中的道理不难理解，也不乏例证：持有存货会增加成本，并最终导致社会总体价格水平进一步上涨，因此，增加存货没有任何益处。

为了更好地理解这个道理，我们还是仔细分析一下这些成本。首先，超额存货占用的资金无法赚取利息。如果手头没有可用资金，而多余存货又是通过借款购入的，那么，存货成本就更高了。其次，我们还要考虑保管存货的成本。在此基础上，还必须加上防火、防盗及其他损失的保险费用。再者，不论在一年中的何时持有这些存货，只要地税机关收税，存货就会增大地方财产税的成本。最后一点，某些特定商品还存在随时间推移而出现的物理性损坏。另一种情况是，由于风格或技术上的变化导致存货过时，从而降低这些存货的市场价值。

因此，纵观“二战”以来美国出现的数次通货膨胀，以囤积存货来抵御通货膨胀的做法，并没有如我们想象的那样成为趋势。之所以会偶尔出现这种提前采购的现象，只是出于人们对物资短缺的担心（比如朝鲜战争初期出现过这种情况），或是由于对某种商品价格上涨的担心，而绝不是因为对通货膨胀本身的顾虑。在某些情况下，即使适度提高某种商品未来价格的消息已经公之于众，也不会立即诱发超前采购的现象。这是因为与负担存货的成本相比，价格上涨的幅度并不大。

但这并不意味着，美国不会发生“一战”后出现在德国和法国的恶性通胀。换句话说，在美国，这完全有可能成为现实。不过，这种可能性要真正变为现实，首先通货膨胀恶化过程中必须出现大幅加速。在出现这种情况之前，应该有很多征兆。另外，根据我们已讨论过的诸多原因，通货膨胀加速恶化的现象，也更有可能出现在经济萧条期，而不是繁荣期。此时，市场上往往还会出现大量的廉价股票。这对投资者而言意义重大，因为在股价上涨的时候，投资者就不必担心通胀会侵蚀现金购买力而把更多现金匆忙投入资本市场。

那么，通货膨胀的实际进程到底如何呢？没有人能百分之百地肯定，年通货膨胀率到底是多少（也就是说，同等数量的货币每年能买到的商品到底会减少多少）。应该说，美国劳工统计局汇编的消费者价格指数（CPI）是非常精细的，它完全可以作为通货膨胀程度的精确指标。从 1950 年 1 月 1 日到 1959 年 12 月 31 日的这 10 年期间，CPI 年均增长率略高于 2%。如果以该指数衡量价格变动，高达 50% 的偏差率似乎是不可能的事。即便达到如此之高的偏差，价格的年均增长率最多也只有 3% 多一点。

尽管这个问题对投资而言的重要性是显而易见的，但投资者总是无法认识到这一点。也就是说，从长期来看，通货膨胀是一种可以预测的基本市场力量。**对任何一项投资，如果不能达到每10年至少20%～30%的增值，就可以把它视为一项失败投资。**

让投资者很容易误入歧途的原因在于：尽管现金、债券以及各种股票本身并没有包含内在的通货膨胀保护机制，但这并不完全意味着，投资者应该抛出这些金融资产并尽快进行权益性投资（指投资者通过投资取得受资企业相应份额的所有权，从而形成投资者与受资企业之间的所有权关系。——译者注）。现金真实价值的年缩水率基本在2%～3%的范围内或略多。这基本与目前现金的利息率持平。换句话说，如果忽略利息因素的话，现金的4年期缩水率也许不会超过8%～12%。但在任何一个年份内，即使是最乐观的股票，其价格波动率也会远远超过3%，而4年内的波动率则可能是8%～12%的很多倍。

明智的投资者应正确看待通货膨胀问题。从长期上看，我认为，所有投资者都应该形成这样一种基本认识：任何投资都不能保证一定会带来足够的收益，从而弥补货币价值不可避免的缩水。但就短期而言，投资者还应认识到，在正确的时间买进正确的投资产品，远比尽快得到通胀保护更重要。相反，**如果投资者想留下一笔用于几年后特定支出的钱（比如准备建造一座房屋或是出国旅行），我认为，他最好以现金形式保留这笔资金，而不是采用通胀保值性措施。**即使他为自己购买了正确的通胀保值工具，在试图完全变现时，这种保值工具的价格也可能会下降，同时，原来这笔钱的价值也会缩水。

在这个通胀意识浓厚的时代里，为什么还会有这么多的投资者，对持有现金感到如此恐惧呢？他们总是匆匆忙忙地买进股票，根本就不愿意花点时间去寻找真正的投资机会。这种情况也许只能表明：投资者还缺乏足够的耐心或是不够成熟。我却常常感到，他们之所以会这么做，背后有着完全不同的原因——人们总喜欢不加批判地接受这样一个谬论：通胀增长速度肯定会不断加剧，因此，现金或现金等价物的支出速度不断加快是必要的。

这样的观点随处可见。有思想的人自然明白我的意思，当然，反对我的声音也不会少。实际上，严重通胀的爆发不过是战争或经济萧条形成赤字的结果（因此，人们根本就没有必要急于对通胀采取对冲保值措施）。对于我的观点，反对者会说：你无非是想说，通胀是基础货币扩张的结果。当然，他们还会拿出很多微不足道的理由。

实际上，美国的法律赋予了工会组织强大的力量。一个组织掌握如此之强大的垄断力，不仅能控制生产所需的劳动力，还能随时随地切断这种供给，从而让整个工业体系瘫痪，这就让工会拥有了其他任何组织都无法企及的力量。因此，工资大幅上涨不可避免，企业也别无选择，只能把增加的成本转嫁给消费者。正因为如此，经济好转时的通货膨胀形势，甚至可能比经济萧条时更严重。

虽然不完全否认这种观点，但我还是坚持认为，这只能解释部分问题。尽管通货膨胀的根源是货币供给的增加，工资水平的提高并不是通货膨胀的直接原因，但两者的本质在相当程度上是一致的。这是因为，当工资上涨速度超过生产率增长速度时，企业除了通过提高产品价格以转嫁大部分增加的成本之外，别无他选。

此外，由于企业的平均利润仅仅相当于销售额的百分之几，工资总额却是利润的若干倍，因此，除了提高产品价格之外，根本就没有任何途径能吸收这部分工资的增长。可一旦选择了这样的做法，政府迟早要陷入财政困境。

在这种情况下，政府只能要求美联储“批准”增加货币供给，提高工资价格比，也就是说，工资的增长自然会带来产品价格的上涨。这样，公众就只能按上涨后的价格水平购买同样数量的商品。然而政府也有可能拒绝“批准”增加货币发行量，保持原有的货币流通量。

如果政府拒绝“批准”增发货币，市场上的货币就不足以按更高的价格水平维持正常的交易量。于是，经济萧条随之而来。在这种情况下，“货币管理者”（money managers，此处指美联储，美联储具有独立性，并不直接隶属于联邦政府。——译者注)要么颠覆自己的货币政策，要么让萧条继续恶化下去。于是，随着联邦收入的萎缩以及政府开支的增加，当赤字达到一定程度时，必然要增加货币供给，因而工资水平的提高迟早会成为现实。

幸运的是，在今天的经济中，还存在着另一股势力，它与大型工会组织有着同样强大的力量，但却与之相对立，这就是近年来突飞猛进的工业性技术研发。企业管理者、科技人员与工程师的团队工作，为企业创造了极为可观的利润空间，正因如此，哈佛大学萨姆纳·施利希特（Sumner Schlichter）教授所说的“发现工业”（industry of discovery)，才表现出令人惊讶的增长速度。在过去的6年里，工业领域的研发支出已经增长了3倍，目前，该领域的年支出金额在90亿美元左右。毫无疑问，与30年前区区的几百万美元相比，其费用支出绝对是直线飞增。

我们不难想象这些研发人员给价格结构带来的影响，正是这样一个庞大的工程设计群体，借助于新设备和新方法，不断探索、持续创新，让生产成本越来越低。而另一个研发群体则通过不断创新完善着原有的生产过程。他们的工作很难以视觉化的数据统计呈现，大家也往往会忽视这个群体对价格结构的影响。我们可以通过一个例子来说明这个问题。首先，我们假设目前的轮胎成本与35年前一样。以前，每行驶几千英里（1英里=1.609 344公里。——译者注)，轮胎就会穿孔。但现在，这种情况就很少见了。即使行驶速度很快，现在每条轮胎总的行驶里程也要远远高于以前的标准。因此，在总成本包括维修费用的情况下，就会出现总成本的大幅下降。

随着“发现工业”的不断增长，我们就有了一个倾向于降低生产成本的反作用力，这种反作用力一如既往地对抗着工资上涨带来的物价提升的影响。但在研发支出与成本降低或产品改进之间，往往还存在一段相当长的时滞。随着研发支出的稳步增长，我们完全可以相信，在未来的若干年内，必将会出现同样的收益递增曲线。我们更坚信，由此形成的降价作用，注定会不断强化，而不是减弱。正因为这样，我才有理由相信，除了大规模赤字造成经济萧条的极端恶劣条件之外，虽然通货膨胀不会自然而然地停止，但这种强大的反作用力必将会抑制通货膨胀。这就让投资者有足够的时间去寻找难得一见的投资良机。由此可见，投资者根本就没有必要担心通货膨胀的恶化，更没有必要一看到通货膨胀，就不加思考地求助于对冲保值手段。

一旦投资者认识到，通货膨胀的日趋恶化是不可避免的，就会不由自主地把注意力集中在他们心目中的关键问题上：在一个通货膨胀无处不在的世界里，到底该把自己的钱投到哪里呢？要探究哪类投资最能在极有可能出现通货膨胀的60年代里脱颖而出，投资者首先应该认识到，其他领域也能带来可观的利润，这些领域同样也值得他们去关注。在这里，我想对一种普遍接受的观念发起挑战。人们往往习惯于把很多观念视为颠扑不破的真理，容不得半点怀疑，这就促使一些人认为，对这些真理的任何质疑都是不合适的。对于这些人，我想指出的是，历史已经告诉我们：在人类文明的每一个时代和每一个阶段，很多曾被人们顶礼膜拜、奉为不可动摇、不容置疑的观念，在历史的考验下,都已成为明日黄花。人类文明在经历了几个世纪之后才认识到，只有日心说才是真理，而不是地心说。

就在一个世纪之前，很多学识渊博的科学家还在耻笑这样的观点：即使是最坚硬的物体，也完全由中空物质构成。直到今天，我们才接受了这个事实。也许我们都还记得这样的说法：为了满足两个人的营养需要，孕妇就应多进食。当然，时至今日，我们都知道，这种说法是不科学的。我们总是想当然地看待某些事情，即使是德高望重的当权者，也会教条化地制定政策，而这都是错误的思考方式。

在当今时代，几乎所有银行家和很多政府官员都认为，治理通货膨胀的最佳途径就是提高利率。在目前温和的通货膨胀情况下或是高速通货膨胀的条件下，如果人们都能从理论经济学家定义的传统通货膨胀概念出发，并采取相应对策，也许能有效抑制通货膨胀。至于商人、消费者和投机者，无一例外都在竞相囤积存货，这并不是因为他们现在就需要这些存货，而是因为他们认为，存货将会升值。在这种情况下，价格上涨的速度越来越快，直至出现严重的库存过剩和过度消费才停止，那时，泡沫就已经破灭了。但大多数过度购买都是依靠信用或是贷款实现的。因此，通过遏制现有信用规模以提高贷款成本，不仅可以避免这样的危险，而且也是名副其实的通货膨胀抑制措施。然而，在现实生活中，这些群体根本就没有表现出非必需或超前购买的趋向。因此，为抑制目前通货膨胀而提高利率的做法，无异于用治疗肺炎的速效药物来治疗进食过量造成的微疾。

这也许可以帮我们更好地确定投资时机。因此，我们不妨深入探讨一下提高利率的现实作用。首先，我们看看中央银行是怎么说的。请记住，这些人是决定我们货币政策的当权者，他们完全能控制银行信贷的供给，因此，他们也完全有能力影响货币的利率。

按美联储的说法，提高工资会带来通货膨胀。如前所述，提高工资会增加企业经营成本，进而提高消费者进行必要采购的成本。同样，提高原材料、完工产品或服务的价格，当然也会带来通胀。提高直接受通货膨胀影响的产品的成本，就会增加采购这些产品或接受这些服务的企业生产成本，而这又会导致其他领域价格的上涨。于是，我们的央行又说，提高货币成本（货币成本其实包含很多因素，在这里作者仅指贷款利率。——译者注）也会带来通货膨胀。他们甚至还说，企业必须依赖借款来维持生计并实现增长，这又进一步增加了企业的经营成本，这和提高企业经营所需的其他物品的价格，没有任何区别。

当然，在一定条件下，事实确实是如此。遗憾的是，出现这些情况的条件绝不是美国经济正常运行的条件。我们不妨假设，美国经济已无限接近于最大产能的极限。也就是说，大多数主要行业的工厂都在其生产能力的极限条件下运转。进一步假设，钢材等商品的实际消耗速度低于需求增长速度，但为满足当前需求与潜在需求，市场要求钢铁行业必须能随时供应足够的钢材。这样，现有的全部钢厂都必须处于过度运行状态，只有这样，才能最大限度地提高产量，满足国内实际需求；同时还需要新建钢厂，以便随时满足可能出现的潜在需求。

在这种情况下，限制企业可得到的贷款额，就可以达到两个有意义的目的。其一，降低新建钢厂的建设速度。这就把一部分现有的超额需求推迟到将来，从而延长了整个行业的繁荣期。更重要的是，这还将迫使大多数企业在保持最低限额库存量的前提下，维持正常的生产经营。其二，还可以防止所有钢铁行业的客户因为囤积库存而争夺现有钢厂的超额产量，进而导致价格出现不可控制的上涨。在出现这类情况时，而且也只有在这种情况下，高利率和所谓的“紧缩银根”（tight money）才能有效抑制经济过热与通货膨胀。

然而，在20世纪60年代，美国经济所处的境况完全不同于上述的例子。除非出现全行业范围的罢工，大多数主要行业的产能利用率都在70%～90%之间波动。过剩的闲置生产能力几乎无处不在。失业人数达到几百万，而且这种情况也许还将持续下去。更重要的是，至于各行业正在考虑的新设备和新机器项目，在利率较低时大量被批准，但在利率较高时被大幅削减的项目，并非都是新建产能，而多以改进原产能为目的。通过对原有机器设备和生产方法进行改进更新，这些项目将进一步减少单位产品的生产成本。

没有任何措施能比这更有效地抑制通货膨胀。这实在是一种双管齐下的通货膨胀治理武器。一方面，它可以帮助行业通过低利率借款完成现代化改造项目，改造好的产业体系可以有效地降低制造成本。同时，这些成本节约大多会传递给最终消费者。当然，企业有时也会通过这种方式在提高产品价格的情况下，吸收实际工资增长额（名义工资不变，物价水平下降之时，实际工资增加，即货币购买力提高。——译者注）。另一方面，因这些改造项目导致产能增加而带来的额外订单，还将进一步增加经济总量，当然，这也会带来工资总额的增长。此外，它还会明显改善目前依赖于企业所得税和个人所得税的联邦预算状况。

现在，我们可以清楚地认识到，为什么说"紧缩银根"并不会给我们带来缓解通货膨胀的预期效果。事实上，它反而造成通货膨胀的加速。我一直想说明，研发如何通过削减成本和改善流程，成为抑制通货膨胀的有效手段。但这些研发大多需要资本投入，因此，能否得到实施，直接取决于货币市场的形势。在资金成本高不可攀，以至于让筹资者难以承受的时候，大多数企业在重压之下，只能把研发成果中最优秀的部分运用于实践。否则，由于无法筹措到资金，或是融资成本太高，很多有吸引力的项目将被推迟或取消。结果，本可抑制通货膨胀的利率政策，到头来，却阻碍了削减生产成本和降低价格措施的实施。

我一直认为，**通货膨胀最根本的罪魁祸首就是经济萧条，因为严重的经济衰退必然会带来巨额财政赤字的增长**。无论是很久以前的1930年，还是最近的1957年，只要美联储采取严厉的货币紧缩政策，整体经济就无法逃脱这一宿命。这时，所有行业都在削减资本性支出。至于融资成本在最终价格中占很大份额的那些行业，如住宅房产业和其他关键产业，都难逃厄运。而这些"波动"性行业的衰退又会殃及其他行业，从而引发普遍性的经济衰退。自30年代大萧条以来，每一次经济衰退都无一例外地导致联邦赤字恶性循环，进而使越来越多、越来越严重的通货膨胀成为经济系统本身不可分割的一部分。

在这里，我们之所以如此不厌其烦地探讨高利率，是因为我认为，它比大多数投资者想象的都重要得多。尽管投资者永远也不该低估通货膨胀不断恶化的可能性，但在正常情况下，这种通货膨胀的增长速度却非常缓慢，因此，投资者完全有足够的时间去等待绝佳的投资机会。

他们不必为抵御价格上涨的威胁而迫不及待地去抓住每一个保值机会。然而，在货币利率开始向更高水平攀升，货币管理者又在不遗余力地推动这种上涨的同时，博弈规则多少会发生变化。因此，投资者应采取比正常情况下更谨慎的态度。

此时，经济很可能会出现衰退，即使没有下滑，产出因素也可能会导致股价随债券价格的下跌而滑至更低水平。但这并不是说，投资者不应该在此期间买入股票（绝不能因近期的影响而丧失真正上佳的投资机会），而是说，投资者应进行极为慎重的思考再来选择股票。

但在货币紧缩政策实施一段时间之后，整个经济形势就会出现明显改变。在紧缩银根以抑制价格上涨的过程中，央行就像是一个因体内染上致命病毒而决定辟谷来饿死这些病毒的人。在消灭这些病毒之前，也许他已先把自己饿死了。美联储也像大多数人一样，放弃一切主动性措施，居然采取饿死病毒的消极政策，结果只能让自己变得越来越痛苦。投资者则往往根本就无从确定这种变化到底会何时出现。当然，挨饿的时间延续得越长，联邦赤字规模就越大。当资本性商品和建筑行业遭受困境之时，赤字规模就达到了非常危险的境地，这将预示着爆发严重通货膨胀的可能性非常大。因此，赤字时间延续得越持久，人们就越急于想知道：自己手里的有价证券是否值得长期持有。

那么，到底哪种类型的有价证券才能防范通货膨胀呢？在这个问题上，我认为在过去 10 年里，人们曾一直坚信那些粗陋而幼稚的观点，但随着 60 年代的来临，他们必将在现实中恍然醒悟，追悔莫及。人们已普遍接受这样的观点：几乎任何一种代表资产所有权的股票，都是通货膨胀对冲工具，过去是这样，现在是这样，将来还将如此。

但遗憾的是，这种观点是错误的。从以往的情况看，我们很容易就会发现，对于代表资产所有权的大量股票，尽管这些资产的价格在过去 15 年里一直在稳定增长（反过来，美元的货币购买力在下降），但股票本身的价格却未出现上涨的迹象，相反在很多情况下甚至出现了大幅度下跌。这就有力地驳斥了这样一个被普遍接受、貌似合理的论点：只要股票代表有形资产（比如土地、厂房、存货等）的所有权，只要资产价值在通货膨胀时相对于美元价值出现增长，股东通过股票所有权持有这些资产，就可以规避美元贬值带来的损失。

很多投资者在这个论点的基础上又声称，拥有大量地下天然原材料的企业，比如说矿业公司和石油公司，本身就拥有了最理想的通胀保值手段。随着美元的贬值，不动产所有权价值会大比例增长，因此，这些企业的股东也就拥有一种保值机制。当然，部分这样的企业的确具有对冲通胀的保值性质。但这种保值作用应该归结于其他因素，而绝不是因为持有大量有价值的原材料。在1958—1959年期间，一直洋洋自得的那些石油公司股东就已意识到这一点。

只要牢记最基本的概念，我们就完全可以更轻松地撇弃这样一种谬论：因为股票代表有形资产的所有权，所以它们就能自动保护我们免受通货膨胀的侵袭。在总体价格水平范围内，所购商品之间的相对价格始终是变化不定的。尽管这个总体价格水平可能会出现稳步而缓慢的上涨，但在这个宏伟壮观却如冰山般缓慢的运动过程中，某些商品的价格必然会上涨，某些却出现下跌。在新发明和新生产纷至沓来的过程中，常常会导致这些商品的生产成本大幅下降。同样，大众品味的转变，也会导致相关产品或服务的价格出现涨跌。

为了说明这一点，我想引用一个极端的例子，尽管这个例子也许有点夸张。但我相信，投资者如果要在通货膨胀期间避免易出现的选股错误，就应牢记这个例子。此外，我们还应该把这个例子放到类似于现代通货膨胀的极端环境下。

我们不妨以20世纪20年代的德国为例。当时，德国马克（币值仅相当于“一战”时的25%）几乎已毫无价值，10亿马克甚至一度买不到一片面包。面对即将到来的危机，很多德国人开始想方设法把手里日渐贬值的货币转换为实物。但我们假设德国人对冲通货膨胀的保值工具是满满一仓库裙撑（一种能使外面裙子蓬松鼓起的衬裙，旧时主要用于各类晚礼服中的长裙。——译者注）。

在19世纪90年代，如果女性群体出人意料地希望自己拥有芦柴棒一般的身材的话，那么裙撑这种商品的所有权会是非常理想的价值载体。当然，那个时代的商品是价值的主要载体。但到了20世纪20年代，除了戏剧表演对服装的偶尔需求之外，裙撑几乎没有任何价值。因此，无论裙撑价格高低，即使是以公认即将被贬得分文不值的货币——马克来标价，对一般消费者需求也不会产生什么影响。由此可见，即使在20世纪20年代，裙撑仍然是最不适合抵御通货膨胀的保值商品之一。

现在，我们再来看看股票。除非企业即将被清算，否则每股股票所代表的资产价值与股票市价之间几乎毫无关系。其中最根本的原因在于，如果不是公司上市将股票卖给投资者，它们的价值就只能体现为收益能力，或是金融财务界所评估出的盈利能力。如果你对此怀有疑问并且想验证一下，不妨作一个简单的测试。纽约证券交易所上市的股票基本是按字母排序的。在上市公司的名单上随机选择一个基点，然后研究一下选定点之后的20家公司。不管你选择哪些公司，你会注意到，这些股票的市场价值和资产价值之间几乎毫无联系。某些股票的市价可能会大幅低于它所代表的资产价值。另一些股票的市价，却有可能是资产价值的若干倍。

因此，我们根本就看不到股票价格与资产价值之间存在任何关系。如果这还不足以说服你的话，还可以用另一种方法去检验这个结论。尽管和以前相比越来越罕见，股票经纪人还是会偶尔采用价格公告牌，提请投资者关注某些因资产价值减少而可能出现的廉价股票。我们可以选择几年之前出现的这样一种股票。后见之明显然是最简捷的验证方法，我们不妨把这些股票在此后的市场表现与任何公认的市场指数作一番比较。你会发现，它们所代表的资产价值与股票的市场走势几乎没有任何关系。在出现通货膨胀时，这些资产既可能增值，也可能贬值。但资产价值的波动程度比股价要平稳得多，因此资产价值根本就没有能力推动股价产生如此之大的变化。

实际上，主要是有两个紧密相关的因素促使股票价值上涨。一是股票收益能力的增长；另一个更重要的因素，则是投资者对该股票未来收益能力的共同认可。我们之所以认为这两个因素紧密相关，是因为金融界严重倾向于这样一种观点：某家公司的每股收益率持续上涨，由此推断这种趋势还必将会在未来相当长的一段时间内持续下去。考虑到经济周期产生的积极或消极影响，这样的理由看起来非常合理，但在个别情况下，这也有可能是极错误的。不管怎样，只有每股收益稳定增长，市盈率（因为金融界对这种股票给予越来越高的评价）稳步提高，才能造就成长型股票的价值增长。在货币价值坚挺的情况下，两者的结合将为投资者带来巨大的净收益。此外，在货币贬值时，成长型股票还可以为投资者最有效地对冲通货膨胀的影响。

换句话说，无论是否存在通货膨胀，即将大幅上涨的股票，只能是那些具有保护投资者资产价值不受通货膨胀影响的股票。这倒不是因为股票和保值之间存在什么深层次的内在关系，这种关系根本就不存在。唯一的原因在于,发行这些股票的公司运营良好。在这种情况下，股票内在价值的增长幅度达到或超过通胀造成的货币贬值幅度。这就意味着，投资者的真实资产未因通胀而缩水。如果能在整个金融界认识到这家公司的吸引力之前，及时买进这样一只名副其实的成长股，当通胀缓慢增长时,股票增值速度必定要超过货币贬值速度。这样的话，除了能得到一种真正有效的通胀保值工具之外，投资者还会得到实际而可观的未来收益。

毫无疑问，在选择真正能防范通货膨胀的股票时，投资者遵循的规则应与我在《怎样选择成长股》一书中所概括的规则完全相同。这也就是说，一家企业拥有卓越管理能力，它能通过研发或其他方式实现每股收益的持续增长（扣除经济周期波动性的影响），这样的企业就是我们的搜寻目标。当然，投资者还需要关注：公司的管理层是否能保证这种增长的持续性，是否能培养年轻管理者用同样的基本政策来巩固这种增长。因此，如果你能在大多数投资者充分意识到这种情况之前买进这些股票，就不会错失良机。你一旦买进，无论价格涨到多高，只要公司还坚持原有的政策，就不要轻易卖出。

如果能做到这一点，你不仅拥有了一种有效的通货膨胀防范工具，而且还能得到意想不到的收获。即使这样的公司不同寻常的特性已经为投资者所公认，买进它们的股票，也一样会给你带来真正的通货膨胀保值手段，只不过收益会略有减少。相比之下，投资于一家平庸的公司，尤其是在很多其他投资者竞相买进抬高所有股价之时，你根本就没有能抵御通货膨胀的手段。很多人也许会问："就算大多数股票都无法完全抵御通胀，但它们是否多少可以提供一点保护呢？"毕竟目前的通胀萧条期并不长，经济复苏也很快。这些难道不利于为所有股票创造更大的收益能力吗？这种收益能力的改善，难道不会带来足够的增值，至少可以补偿部分货币贬值所带来的损失吗？对于这个问题，我认为，目前还没有充分的证据可以证明它。我反而很怀疑按50年代的发展趋势和金融界的普遍观念，股票（而且也只有股票）是否是抵御通胀侵袭的避风港，我们对这些问题是否给予了过多的关注。要知道，投资者一向对硬币的另一面视而不见，换句话说，通货膨胀会在有利于股票的同时也在损害着股票。

价格越上涨，完成相同经济业务所需的货币就越多。设想一家公司效率高到只用最少的存货就可以对客户需求作出快速反应，这样，每一轮价格上涨都意味着，公司必须留出更多的资金来维持等量的原材料、在制品和库存成品。请记住，除了在会计上，它们一般都不属于流动性资源（在财务会计中，原材料、在制品和库存成品一般都被看成是流动性资产，费雪认为这些资产的流动性并不强。——译者注）。

相反，它们代表着企业必须随时保存的额外投资，因为要保证现有的生产经营规模，企业就必须维持相应的最低存货。同理，随着价格的上涨，就会有越来越多的资金转换为应收账款。总的来说，厂房和设备是消耗企业资金最重要的原因。在这些机器设备和厂房建筑中，某些因寿命较短而先失去使用价值，而另一些的寿命则可能相对较长。但所有设备和厂房终究都会完全丧失效力。当然，企业折旧率的确定取决于税收机构对各项资产使用寿命的估计。但现有陈旧不合理的折旧税法只允许按历史成本而不是按资产重置成本对这些资产计提折旧。因此，在通胀期间，所有企业都会在厂房设备上出现持续性的资金流出和损耗。这最终会累积为一个巨大的差额，这个差额代表了这些资产计提折旧的账面价格与真实重置成本之间的差异。

从股票投资者角度看这个问题，只有一种保护措施才能避免通胀带来的资金损失。这就是，企业的管理者必须具有赚取稳定递增的利润的能力。这种利润的递增往往是因为现有业务的扩张或是在相关领域开拓新业务。一个企业要在通胀条件下保持发展，就必须以这种实际的利润增长作支撑。毕竟企业除了要保证原有业务所需资金外，还要为新业务提供必要的资金支持。要达到这个目的，就需要管理者在业务选择上具有非凡的能力和准确的判断力。拥有这般管理能力的企业，往往能在非通货膨胀时创造出最有价值的投资机会。反之，如果企业管理者平庸无能，它的股票也就不太可能具有抵御通胀的能力。

进入60年代，金融形势开始变得日趋复杂。认识到这一点，对我们规避损失更显得异乎寻常的重要。从40年代末到50年代初，所有迹象都无一例外地表明，日趋频繁的通货膨胀几乎不可避免。但出于某种原因，直到几年前，投资者依然没有感觉到这些趋势。直到1956—1957年，甚至是此后的1958—1959年，上百万投资者才普遍开始对通货膨胀产生畏惧。尽管此时的经济基本面并没有发生变化，通货膨胀也并不比很多年前更危险（当然也没有减弱的趋势），但投资者却似乎认为，如果不立即买进股票（几乎是任何类型的股票）来抵御通胀，他们的资金就有可能被通胀席卷一空。最终的结果，就是大盘整体市盈率扶摇直上。当然，有些股票的确具有防御通货膨胀的作用。但另一些股票的未来收益能力则会受到经济形势的严重影响，实际上，它们根本就不具备充分抵御通胀的功能，甚至毫无作用可言。

1956—1959 年，大批资金雄厚的个人投资者蜂拥进入市场，买进自己的第一批股票，我们或许可以把他们视为长期投资者，而不是投机者。这些个人投资者最关心的就是通货膨胀。他们根本不在意免税的市政债券，即使这些免税有价证券能带来更高的税后净收益。他们只是一味地买进，甚至根本就不考虑价格；他们只是把这些股票紧紧握在手中，然后就心安理得地幻想：现在，手里已经有了最强大的抵御通胀工具。因为更严重的通货膨胀必定到来，所以，不管他们要支付多高的价钱都是值得的。而事实上，这些在通胀时期购买的股票，已经被过高地估值。

我相信，这种状况是审慎型投资者在 60 年代初期必须密切关注的。我们完全有理由认为，在这些刚刚进入股市的富人当中，很多人也许在其他方面不乏才华，但在投资智商方面，却不敢恭维。否则，在至少 10 年之前就已出现各种明显通货膨胀迹象的情况下，他们既不应一味地把目光集中到存在通货膨胀风险的免税有价证券上，也不该匆忙而不加思考地对这样一种教条笃信不移：不论价格如何，任何股票都具有抵御通货膨胀的功能。

我认为，最有可能发生的情况是，由这些通胀带来的股票投资大多是盲目的，就像一个始终生活在地下，并对天体动力学一无所知的人，现在却不得不去研究行星。我们让他在晚上 8 点的时候去看看月亮，然后再告诉他，随着时间的流逝，月亮会滑过天空。他会兴味盎然、聚精会神地去凝视月亮的运动，但却无法感受到月亮的运动。于是，他就这样凝神静气地看下去。到了 8 点零 2 分，仍然看不到月亮的位置有什么变化。过了 1 分钟，还是没有任何动静，又过了 1 分钟，一切依然如故，于是他只好失望地放弃。他觉得这种事没有任何意义，也没有任何价值。但到了凌晨2点，再次仰望天空的他，却发现晚上8点零4分曾经让他等得不耐烦的神奇变化终于出现了。

我认为，近期的很多投资者因通胀而纷纷投资股票的情况，和上面的例子有异曲同工之处。等到他们意识到真相时，几个月，甚至是几年已经过去了。按照通胀的增长速度，也许很难在买进股票之后，就看到它们在抵御通货膨胀方面显示出巨大威力。因为他们的4分钟心理效应注定要发生作用。

对他们影响最大的，依然是当时占主导地位的观念："通胀并没有那么重要。"在刚买进的时候，投资者普遍会担心这些股票并不具有保值作用。一旦出现这种情况，或者说，就在市场迫切需求通胀对冲工具之时，很可能会发生这种情况。那么，我们可以想象在60年代愈演愈烈的通胀即将到来之前，大规模的抛售股票的行为也许会带来短期影响。

对于机敏的投资者来说，这种可能性会促使他们立即采取两种措施。按以往的一般标准判断，在很多常规股票以畸高价格出售时，投资者也许会重新审视自己所持有的股票，考虑一下是否应放弃那些不具有真正优质特性的所有投资；另一方面，对任何一种真正不同寻常的优质股票，都有可能在某些情况下被暂时高估，但投资者绝对不要被这误导而去抛售这些股票。因为未来还蕴含着诸多可能性：

- 没有出现预期的价格反应；
- 如果出现预期价格反应的话，投资者还要等待更低的价格，直至股价再次攀升至更高的水平时重新进入市场；
- 在出现预期的价格反应之前，股价一直不断上涨，以至于在即将达到的谷底，市价依然高于目前价格。

在出现这种情况的时候，市场上流行的"把所有股票都当成通货膨胀对冲工具”的观念，将为敏锐的投资者开辟新的投资渠道。在这个时候，罕见的机遇到来了，对于那些难得一见的真正的成长型企业，也就是那种真正具有通胀保值功能的企业的股票价格，却在浪潮般的抛售中不断走低。**在正常的股市大跌期间，虽然所有股票都会在衰退期跌价，但却只有那些真正优秀的股票，才能在市场全面复苏时出现大幅反弹。**

总之，在60年代结束之前，投资者极可能普遍接受这样的认识：越来越严重的通货膨胀是不可避免的，而进行任何类型的投资，最需要考虑的因素之一，就是如何抵御通货膨胀这种巨大的力量。但到了那时，投资者对投资保值机制的认识程度也许是今天无法想象的。他们将会发现，任何一种能在非通胀时期表现不凡的股票，都具有真正抵御通胀的能力。人们将意识到，促使股价上涨的力量与货币购买力的下降动力之间，并不存在直接联系。

与此同时我们还将认识到，除了股票在经济衰退期跌价这个原因，投资者没有任何理由为抵御通胀而草率买进股票。选择买进股票的种类非常重要，同时，现金真实价值的萎缩却是渐进的，因此，在合理的买进时机到来之前，只要有必要，即使等上几年也是值得的。但投资者要在这方面获得足够的技巧也许并不简单，甚至很可能是一个痛苦的过程。60年代初，投资者也许要经历一段相当沉重的挫折期，让自己痴迷于“所有股票都是通胀对冲工具”这种谬论。明智的投资者更可能思考现有投资的内在吸引力，而不是仅仅因为它们可以作为规避通货膨胀的可选手段，就按不正常的价格予以抛售。当然，在市场普遍觉醒之时，投资者也许真的会得到这样一个千载难逢的买进机会。

机构投资

在股市中，机构投资基本源于以下5个主要渠道。它们分别是：

- 养老和分红基金（pension and profit-sharing funds）；
- 以个人为受益人的信托基金，其中主要以大型银行的信托部为代表；
- 信托投资（investment trust）；
- 保险公司；
- 教育及慈善机构，包括资金雄厚的大学进行的大规模交易（sizable transactions）。

60年代，尽管这些机构投资者对股市的影响绝不亚于我们现在所讨论的通货膨胀，但它却是一个全新的话题。当投资者日渐深刻地认识到这种新兴力量的重要性时，他们就可以更好地利用这种力量，当然，更重要的在于，避免这种影响带来的破坏性。

简单回顾一下金融史，或许有助于我们更好地认识这些问题。在20世纪30年代的绝大部分时间里，股价持续走低。大家都认为，出现这种情况的原因主要归结为以下两点：首先，总体经济始终以低水平运行；其次，相当一部分投资者对罗斯福政府即将采取的政策感到不安。但除此之外，抑制股价上涨的，还有一个鲜为人知的原因，这就是美国税法为市场建立起来的金融运行规则。

在30年代，无论是州所得税还是联邦所得税，虽然它们不像今天这么高，但如果按此前标准衡量，还是具有非常高的水平。这就意味着，大多数富有股东在去世时，都需要变现很大一部分股票来支付必要的税款。只有在高额所得税严重削弱富人的储蓄能力时，才会出现这种动用原有储蓄的情况（或者说，迫使投资者出售原本会始终持有的股票）。而这个富人阶层恰恰又是最主要的股票投资者。换句话说，在这10年里，股价始终处于下跌趋势。尽管有些人想购买股票，但和新发行股票以及因财产变现而源源不断形成的大量股票供给相比，它们的新增储蓄根本无力提供充足的资金。

"二战"后，一股新的巨大力量彻底扭转了这种供需失衡。这就是机构投资者的出现。当然，机构投资行为并非起源于这一时期。多年以来，私人及银行托管、保险公司，以及学校和慈善机构一直持有大量股票。此外，尽管出现的时间不长，但大量信托投资基金的存在，依然是不可忽视的事实。此外几种新兴力量也对股市的某些领域起到了推波助澜的作用。

最先出现的，就是公众对股票具有投资保值功能的认可度直线上升。这就导致专业托管人，以及教育和慈善性机构投资于股票的资产总额显著增长。与此同时，这又进一步推动了保险公司股票投资的发展，并且为股票的开放式信托投资实现实质性增长，以及为股票的养老金和利润共享基金的迅速发展铺平了道路。

从财务角度上说，这些养老和分红基金的稳定增长，最有意义的一个方面在于，它们将为股票投资提供一个全新的，同时也是最重要的储蓄来源。正常情况下最不易成为股票投资者的工厂工人，还有低收入的办公室职员，也会把口袋里的资金慷慨大方地扔进股市。同样，越来越多的信托投资销售人员，也意识到这部分人群能给他们带来的利润。而在以前，这些人几乎从来就没想过，要把自己的储蓄变成股票。因此，这个一直习惯于把储蓄变成其他类型资产的群体，又进一步增加了对股票的需求。

简而言之，在整个20世纪50年代，随着时间的推移，机构投资已日渐形成一股不可忽视的力量，它大大抵消了战前高额财产税和收入所得税对股价的抑制作用。正如我们反复强调的那样，与个人投资者同等金额的投资相比，这些机构投资者的买进行为对股价的作用更为显著。这是因为，即使大多数新买进的股票未能形成永久性投资，但至少会成为长期性投资（尽管投资可能会在不同股票之间出现转换）。

机构投资不太可能像个人投资那样，出现频繁转手的现象。于是，股票的供给总量不断减少。只有投资者对股票之间内在价值的基本观念出现明显变化时，才可能导致这种股票中的绝大部分回流市场。这种基本观念上的变化往往极为缓慢（并且在股票有目前这样的较高价格时），因此，只有在若干年后，基本条件的变化才会导致投资者对该股票的总体认识发生改变。

没有人能确切知道，随着50年代的逐渐推进，怎样定量测算这些机构投资者到底会买进多少股票。但通过随机收集的几个数字，就足以显示出这种力量的巨大作用。

恒康人寿保险公司（John Hancock Life Insurance Company）的总裁拜伦·埃利奥特（Byron K. Elliott）在洛杉矶的一次讲话中预测，到1960年年底，私人养老基金总额将比1940年增加20%，达到480亿美元。

同年7月，麻省理工学院工业管理专业的金融学助教维克托·安德鲁斯（Victor L. Andrews）在美国劳工部出版的《劳工评论月刊》（*Monthly Labor Review*）上著文指出，养老金计划信托基金持有的股票占总资产的比例，已经从1951年的12%增加到1958年的27%。同月，《华尔街日报》（*Wall Street Journal*）刊登的报道也谈到，美国银行家协会通过科学抽样，进行了一次“比以往更为可靠”的全国性调查，该次调查认为，在美国银行以个人信托账户持有的全部资产中，有大约306.64亿美元，或者说是61.7%的资金被用于投资股票。1959年11月，波士顿基金(Boston Fund，位于美国波士顿的一家共同基金管理公司。——译者注）的调查指出，1959年6月30日，68所学校和大学持有的股票总额达到约39.12亿美元，占全部资产总额的56.6%，而之前的这个数字还只有51.7%。尽管从传统意义上说，人寿保险公司在股票投资者中一直不被人重视，但它们现在似乎也开始涉足这一潮流。

最近，大型人寿保险公司公平人寿保险公司（Equitable Life）总裁詹姆斯·奥茨（James F. Oates）指出，尽管其公司的股票投资在目前96亿美元投资组合中占有的比例相对较小，但公司计划在未来10年内以每年4 000万美元的递增幅度增持股票。近期，《华尔街日报》又陆续载文介绍了人寿保险公司增持股票的趋势对股市的潜在影响，这些调查表明，在公平人寿保险公司的全部资产中，只有不到 0.4% 的资产为股票，而美国最大的人寿保险公司大都会人寿保险公司（Metropolitan）的这一数字还不到 0.2%，英国保诚集团（Prudential）不到 2.3%，纽约人寿保险公司（New York Life）为 3.1%，恒康人寿保险公司为 5%。

与此类似的是，据国家投资公司协会（National Association of Investment Companies）估计，1959 年，投资者买进共同基金达到 23 亿美元，而 1958 年只有 16 亿美元。该协会还指出，考虑到 1958 年和 1959 年的共同基金分别赎回 5.11 亿美元和 7.8 亿美元，因此，1958 年和 1959 年形成新投资的现金来源还要分别增加 11 亿美元和 18 亿美元。按照这些估计，信托投资基金似乎可以从市场中吸收市值超过 10 亿美元的股票，并把这部分股票放到自己的投资组合中。

纽约证券交易所最近进行的研究，或许也可以说明这些趋势。该项研究显示，到 1959 年年底，机构投资者买进的上市公司股票达到 510 亿美元，占股票总市值的 16.6%。而按 10 年前的研究，机构投资者持有的股票只有 95 亿美元，占总市值的 12.4%。但这一切毕竟已成历史。回顾过去，可以帮助我们对未来作出更准确的判断，同样也可以给我们带来财富。现在，我们再把目光放到 20 世纪 60 年代吧，此时，我们面临的第一个问题就是：在这即将到来的 10 年里，机构投资到底会成为一种越来越强大的力量，还是会逐渐萎缩？

在这个问题上，我们首先要考虑的是，无论如何，机构投资对股市的巨大影响，绝非全部源于对新增基金的投资。机构投资中的很大一部分将来自以前投资于其他资产的资金，转而形成股票投资。今天，股票已得到市场的广泛重视。在整个金融史中，全部资产的相当一部分比例属于股票资产。但这一比例在 60 年代是否还会继续增长呢？如果是这样的话，即使投资股票的机构数量没有任何增加，它们对股市的影响也将是非常巨大的。

我相信，这个问题的答案在于，在机构持有的投资总额中，将会有更大一部分逐步转换为股票，尽管这种转换的数量不会像50年代那么可观。但即使是这样的转换规模，也足以影响到股票价格。不可忽视的是，50年代的机构投资行为（我指的是全部股票投资行为，而不仅仅是不同股票之间的转换）已构成该时期股市最主要的需求。因此，60年代的机构投资必将进一步深化这一影响。

很多原因促使我相信，其他投资向股票的转换必将进一步增加。但和50年代相比，这一增幅将会变得更为平稳、更为缓慢。市场对股票的持续看好，将吸引很多州和其他政治组织通过养老金形式，把很大一部分资产投资于股票。

除非突如其来的熊市导致这种新趋势戛然而止，否则，它必将不断积蓄能量，在不景气的整体经济形势中异军突起，并有可能演化为一支重要的市场力量。

与此同时，信托基金仍趋向于按固定比例持有债券，尤其是对老式的信托基金而言，更是如此。究其实质，并非有什么特殊理由使债券适合于这些信托基金的要求，而是因为它们已经形成一种习惯：把债券视为所有信托基金的支柱。它们根本就无法想象没有债券的信托基金会是什么样。随着基金价值日渐下降，这些老基金逐渐被更新的信托基金取代，债券在信托账户中的比例将有所减少，而股票将在很大规模上取而代之。

尽管股市上也存在着某些其他影响因素，但这些影响还不足以扭转目前趋势。与50年代相比，债券相对于股票的收益率可能更为可观，不过，这种趋势能否兑现目前尚不确定（在这方面，政治影响可能会发挥主要作用）。一旦出现这种趋势，很多人（包括个别有足够理由这样做的人）宁愿按本金的真实价值，以更低的风险去追求更大的当前收入，也不会追求较低的短期收入和本金的长期增值。这就有可能促使某些投资回归债券。如下情况尤其需要关注：

- 债券的当前价格较低，从而预计债券价格会出现较大反弹，而且反弹幅度会超过通胀带来的短期贬值；
- 股票价格较低，这样，股票投资不仅不会实现继续增值，还有可能出现短期的大幅下跌。

此外，在我看来，60 年代的另一个因素，同样发挥了重要影响：它将会降低股票在全部机构投资者现有基金中的比例。如果操作得当，而且金融创新的发展能像现在这样，不断创造出新的投资机会，股票无疑将成为机构投资者最值得信赖的主要投资工具。但我却怀疑，无论是对于信托基金，还是其他投资标的，仍有很多投资经理尚不具备股票投资的运作能力。在大牛市几乎占据主导地位的 50 年代，这些人的无能在很大意义上被牛市所掩盖着（至少对股票管理者而言是这样的）。这种不太可能再现的市场趋势是不正常的，我们也不该期望它能永久地持续下去。

在 60 年代的某些时间里，将会出现比 1957—1958 年更漫长的熊市，这很有可能会暴露以往管理中存在的种种弊端。机构投资者和信托基金的受益人也许会对某些基金管理者的表现大失所望，但他们更可能会在股票上体会到更大的失落。尽管这同样有可能遏制 60 年代机构投资者的买进趋势，但我认为一两年之后，这种局面完全有可能得到扭转。

所有这些因素都会影响到机构投资者把现有资产转换为股票的比例。现在，我们再来讨论另一个对市场而言同等重要的影响力。基金的全部资金到底会进一步增长，还是会逐步萎缩呢？在 60 年代，是否会有同样数量的新增基金，像 50 年代那样涌入股市呢？一旦出现这种情形，所有的股票投资者都必须认真对待这种力量！我相信，评价每一家机构投资公司，无论其类型如何，都会有助于我们分析这个问题。

不过，考虑一种正在稳步改善众多大型机构投资者业绩的基本变化，还是有必要的。这不仅局限于形式上的变化。根据组织章程，大多数此类机构的工作任务和10年前大同小异。某些机构的实际操作方式也没什么差异,甚至毫无变化。但也有很多更重要的方面发生了变化，从而使它们的投资业绩有所改善。如果机构投资者在股票投资技术尚不熟练时便大量投资于股市，那么，随着投资效率的提高，机构投资者对股票投资的规模必然会越来越大。

大型银行、慈善机构、保险公司或信托投资组织，最早涉足交易大量股票的复杂工作，通常，这项工作在很大程度上是通过“投资委员会”来完成的。在某些情况下，这些委员会完全由机构的正式管理者组成。还有一些组织的投资委员会则由机构管理者、知名企业家以及董事会成员构成。此外，这些机构往往还要聘请一名或多名投资专家为投资委员会出谋划策。但拥有最终权力并确定最终投资决策的，还是投资委员会（在形式上，几乎所有投资决策都是这么被决定的)。

在很多情况下，这些全职投资专业人士通常被称为“证券分析师”，但遗憾的是，他们根本就不是什么出类拔萃的专家。因此，这项工作很容易就变成了机构投资委员会的例行公事。在机构刚开始大量买进股票时，这些委员会往往需要对这些全职顾问所提出的未经验证的建议进行评价。

但真正有才能的证券分析师，正在逐渐成为投资委员会会议上不可缺少的主角。最初，这种经历往往会让称职的投资人感到心灰意冷。因为被任命为投资委员会成员的，往往是组织的出纳或财务人员、当地政府机构的领导人或是大笔遗产的继承人。但他们并不一定需要具备判断应该买卖何种股票的能力，只要知道副总裁是否应该接受阑尾切除手术，或是公司的纠纷到底该以协商方式解决，还是一定要打官司之类的事，就已足够了。

然而，尽管这些投资委员会的成员最初可能不愿意把这种医疗或是法律上的决策交给相关领域的专家，但他们毕竟已经涉足公司的资金事务，而且已经承担起投资委员会成员的大任。他们是否有权判断这些所谓全职专家的投资建议，是否能做到尽职尽责。对此，人们心存怀疑。

在疑心重重的投资委员会面前，即便是再有能力的投资人员，也常常会感到力不从心。无论是在组织内部，还是在日常业务以及所在社区的地位上，多数投资委员会成员都要高高凌驾于投资人员之上。这就让他们很难坚持自己的想法。投资专家的工作往往侧重于实际操作。因此，只要在工作上稍有闪失，反对他们的委员们就能占得上风。所有这一切，都倾向于让最终的决策结果受制于投资委员会中最无能者的主观臆断。我认识的一位非常出色的投资人，在他所在的机构刚开业没多久时，他就多次对我说："我知道该买进哪只股票。但我的建议总是无济于事，因为投资委员会永远也不会采纳我的建议。"

值得庆幸的是，随着时间的推移，在整个50年代很多杰出投资者在组织内的地位发生了重大变化。大量事实表明，无论是在形式上，还是在实质上，他们的建议大多要好于委员会的决策，在这种情况下，某些委员会才开始把真正的决策权交给这些投资顾问。只要结果理想，银行、保险公司或是大学的信托部门就能在各自领域内脱颖而出，这就能促使他们把越来越多的决策权交给这些有能力的投资专家，而不是机构臃肿的投资委员会。尽管我还不清楚我抽取的样本在数量上是否充足，是否能保证不存在任何重大例外事项，但我至少能感受到：赋予投资专家的权力越大，投资委员会的影响越小，他们的工作质量就越高。

其中的部分原因在于，把决策权交给那些最有资格作出决策的人，这本身就是合情合理的。另一部分原因则是，唯有真正有能力的投资顾问，才能逐步成为组织决策的主导者，而不是被委员会中的某些权贵所压制。不管怎么说，在进入60年代之后，资本市场的竞争必将进一步推动这种变化。如果这能成为现实的话，很多大型机构投资者的股票投资业绩必将进一步改善。同时，越来越多的人将会接受这些组织的服务。结果就是：这些组织对股市的局部影响越来越大。

现在，让我们再逐一验证机构投资者中各个主要力量的未来发展趋势。很明显，在过去的 10 年里，该群体中发展最快的两个分支就是养老和分红基金。所有迹象都表明，在未来的 10 年里，这些组织必将进一步大量增加股票投资。尽管目前已经出现了很多入市基金，这让大量未进入股市的基金在股票投资上难有作为。但无论是现有养老基金已成形的投资计划，还是分红型信托基金（profit-sharing trust）即将采取的投资规划，都无一例外地表明，对股票的需求将会出现稳定而持久的增长。

这些养老基金和分红基金的未来投资计划非常明确，但只有一个因素会削弱它们对股市的积极影响。也就是说，**如果这些基金管理者在投资管理上不称职或是不够诚信，他们的全部投资计划必然会失去吸引力，一切都将化为泡影。**目前，很多小型基金的财务运作还不够透明，甚至采用暗箱操作，这让我们很难对其作出客观判断。但一些大型基金不仅有足够的透明度，更重要的是，它们还拥有足够的能力和技巧，因此，我们几乎不可能找到诋毁甚至是怀疑整个基金投资体系的理由。

至于个人信托基金，我认为同样可以肯定的是：它们在 60 年代也将持续地增长。那些大型城市银行和独立信托公司的信托业务（以及投资管理业务），很可能会出现同样的增长。尽管很多人会有异议，但我仍会毫不隐晦地说，“二战”之前，这些业务在管理上多少有些不尽如人意之处，但自战后一段时间开始，从波士顿、纽约到圣迭戈的很多全国性银行均在投资管理业务上突飞猛进，达到了更高的层次。竞争也促使其他机构不得不采取类似调整。最终的结果就是信托部门的业务呈现整体性繁荣。如果这种趋势能在不断提高业绩标准的情况下，在整个 50 年代一直保持下来，那么，毋庸置疑，在 60 年代的整体运营效率不断得到提高的情况下，这种增长趋势不会停滞不前。因此，这个重要的因素必将进一步增加对股票的需求。

谈到保险公司，我完全有理由认为，它们的股票投资也将保持强大上升势头。对于教育和慈善机构来说，苏联成功发射了人类的第一颗人造地球卫星，开始让公众关注美国的大学教育机构。而当今生活造成的无休无止的紧张和压力，又让我们每个人都意识到慈善机构的必要性。如果经济继续保持繁荣，就必将会有大量的慈善捐赠和投资捐赠流入这些机构，除非经济出现明显的逆转，否则，在任何情况下，总体经济都应保持现有的上升态势。所有这一切，都促使信托投资基金成为机构投资者中的主力。对于这支力量，我认为，估计它的未来发展趋势是不可能的。因为在60年代，任何事情都有可能。经营良好的信托投资公司肯定能为市场提供有价值的服务，毕竟，它们有能力为那些期待投资多样化但资产并不丰裕的投资者提供服务，让他们有机会享受多样化的投资。

此外，按照这种多样化的投资模式，很多信托投资公司的投资组合中都将包含相当数量的“非机构”型投资，即：不符合其他大多数机构投资者要求的公司股票。按照今天的条件，它们还为某些无法选择专业投资顾问的大型投资者提供增值服务。大多数此类信托基金所具备的高度多样化，完全可以保证，除非遇到熊市，否则，投资于这些信托基金的资金就不可能出现缩水，即使出现熊市，信托价值的缩水速度，也不可能超过市场整体的下跌速度，最可能发生的情况，也不过是略低于市场整体而已。另外，这种充分多样化还意味着，在牛市阶段大多数基金可能会随大盘一起上涨。也许有很多人会反对这个观点，但我相信，要找到真正卓尔不群的投资机会并不容易，任何个人或机构都不会嫌这样的机会太多。

因此，我认为，从本质上看，信托投资在很大程度上只能达到一般的业绩水平，或者说，达到市场的平均水平。一个优秀的信托投资管理公司，注定要追求并超过市场平均值的投资业绩。**当然，要真正**

取得出类拔萃的投资业绩，绝非一朝一夕之事，但我觉得大多数投资者还是应该有这样的目标。

这些因素促使我认为，信托投资的重要性在60年代到底会增加还是减少，在很大程度上取决于证券投资行业能否在60年代不断开发出更多的投资工具，而不是满足于现状，只有这样，才能为今天的中小投资者提供服务。至于证券业务的未来发展趋势问题，我将在本书的其他章节作深入探讨。但如果不能在投资业务本身范围内进行实质性变革（而且股市也不会出现某些令人郁闷的趋向），信托投资业务就必将会吸引越来越多的投资者，增长也将成为无可争辩的必然趋势。

当然，信托投资领域也存在着威胁。目前，开放式信托基金正处于快速增长的态势，这让那些不负责任的人理所当然地认为：牛市能保证一切都平安无事。事实上，股东在任何时候都有权按清算价值赎回股份，这就有可能在牛市时给自己带来麻烦。在出现投资者大批赎回份额的情况时，就会迫使投资基金抛出大量资产来筹集资金，因此，在市场已经出现下跌时，就会导致清算价值或者赎回价值进一步下跌，以至于让其他持有者感到恐慌不安，从而急于抛出投资，抽回现金。同理，这又造成更多的资产变现行为，从而进一步打压股价，形成一个让更多投资者抛股变现的恶性循环。

至少我们可以在理论上认为，这种自发形成的螺旋式下跌可能会持续相当长的一段时间。现实中，50年代的牛市并没有带来任何严重的问题。但就整体情况看，50年代的牛市似乎有点反常的味道。如果60年代出现更大或是更长的牛市，开放式信托基金是否会失去投资者，出现规模萎缩呢？

我自己也不知道该怎么回答这个问题。但如果仅仅因为过去10年没发生过这种事，就断言将来也不会发生，我相信，这样简单的论证是靠不住的。大多数信托投资基金的持有者，对手中信托股份的未来预期都是极有信心的。但我认为，大多数信托管理公司并不能实现这样的预期，可以肯定的是，很多信托基金投资组合的收益能力都趋近于市场平均收益率，也就是说，既不可能带来异乎寻常的收益，也不可能招致不可接受的损失。在同时涉及诸多股票的情况下，某些信托基金的平庸业绩必定要抵消其他信托基金的超额收益。即使大多数信托投资都能给投资者带来可以接受的结果，但考虑到这种“内在稳定器”的作用，只要还没达到投资者的乐观预期，就有可能造成失望情绪的蔓延，于是，抛股变现的情况也会愈演愈烈。

一旦发生这种情况，很多信托基金就会鼓励投资者抛股变现，这又会让整个局势进一步恶化。但我认为，这种做法显然是在欺骗那些涉世不深的投资者。因为它关系到资本利得的分红问题。所有投资者都知道，资本利得（在税法上，它的含义是达到 6 个月或 6 个月以上投资所实现的收益）所得税率仅仅相当于经常性收入税率的一半，而且在实践中也很少能超过利润的 25%。实现资本利得的信托投资基金可以依法把这部分税款转嫁给投资者。而它们自己则可以从利润中抽走红利。这些红利对投资者而言非常有吸引力，因为它的税率要远远低于其他投资收入的税率。

我们要思考的问题是，这样一种体系到底存在什么问题呢？减税让抛售成为明智的策略，并且股东也认为股份售价超过整体市价的那部分才是真正利润，说起来，这并无不妥之处。但遗憾的是，这种现象很少发生。股东肯定喜欢这种低税率的红利，他们永远也不会嫌红利分得太多。基金销售员也深知盈利分红的卖点对市场销售非常有效，这让他们对这种红利的需求与股东一样强烈。

在市场大盘整体上涨时，基金市价与市场同步上涨。在支付资本利得之后，把税后余额再投资于能实现增值的其他项目。但基金已经以盈利分红形式向投资者支付了利润。因此，基金可用来进行再投资的剩余资金，就是收入扣除红利之后的余额。

由于此时的股价已经随市场大盘出现上涨，基金能买进的股票数量肯定要明显少于以前拥有的股票数量。因此，除非能在极端情况下认为待购入股票的收益确实好于卖掉的股票，否则，这些资本利得将非常类似于按本金支付的红利，真正投资意义上的红利，而不是会计上的红利。

我们可以用一个理论上的例子来说明这个问题。一家信托投资基金以每股20美元的价格买进北方钢铁公司的1万股股票，总额为20万美元。之后，股价上涨到30美元，全部股票的售价为30万美元。按照传统的会计理论，这相当于10万美元的资本利得性利润。由于持有时间超过6个月，因此，可以按盈利分红的形式把这10万美元支付给股东。之后，再把剩余的20万美元投资于股价为40美元的南方钢铁公司股票。与此同时，尽管北方钢铁的买进价为20美元，但随着钢铁市场的总体性上扬，股价已经上涨到现在的60美元。因此，实际能买进的只有3 333股,而不是为保持同样持股比例所需要的5 000股（由于很多股票的价格已经翻番，因此，这一数字就相当于原来的一半）。从现实的角度可以认为，基金在该行业中的控股比例减少了1/3，因为基金已经把这1/3资金以所谓的“利润”的形式支付给股东。

当然，如果南方钢铁的股价涨幅比北方钢铁高出50%，就可以弥补基金股份在比例上的损失，而盈利分红也将通过经济利润，而不是会计利润得到补偿。此外，在创造这些盈利分红的日常性基金交易中，要把握其中的本质并不容易。因为投资基金并非总是借助于买卖钢铁公司股票来创造利润。比如说，它们可以卖出石油股票和汽车业股票，买进铜业、集装箱或是商业股票。但分配盈利分红造成的再投资金额低于抛售收入的问题依旧存在。

只有通过客观检验来证明：盈利分红的分配确实不会影响到股东的累计本金，这样，我们才能在若干年后发现，扣除红利后再投资于其他有价证券的价值增值，将超过为实现盈利分红而抛售的股票的未来增值。某一天，立法机构或许会出台一项保护投资者利益的法规，要求投资基金必须证明：基金会通过充分合理的再投资，在既定时间内弥补这些盈利分红，否则，信托投资在真正分配红利之前，就不得发放红利。但除非真的发生上述情况，否则，在熊市到来时，就有可能同时出现股票加速抛售和回购减少的现象，此时，投资者也许会更清晰地看到，这些盈利分红是怎样削弱他们的资本金的（熊市时，股票卖出的价格较低，用价格较低时候净卖出的股票即卖出股票减去回购股票获得的资金来发放资本红利，导致再投资资金减少。当牛市到来时需要更多资金才能买回熊市时卖出的股票。——译者注）。

此时，在一些缺乏职业道德和谨慎意识的管理者手中，这些盈利分红很可能会变成实际的投资损失。但股东和销售人员已习惯，甚至是希望出现这种情况，可惜，此时的市场已经出现整体性下跌。在整个投资组合中，或许只有一两只股票能带来可观的利润。对于一种合理的投资操作方式，最基本的一个规则就是加快利润周转速度，尽早实现止损。换句话说，极少数股票之所以能在其他股票下跌时上涨，唯一的原因，就是它们总具有非同寻常的吸引力。那么，信托投资者会屈服于股东和销售人员的压力，并抛售投资组合中最有希望实现最大未来收益的股票吗？还是会卖掉本不该放弃的那只股票呢？一旦这些假设成为现实，盈利前景就会变得更加黯淡。

然而，它们都有可能成为60年代信托投资面临的主要问题，因此，作为机构型股票投资市场（institutional stock markets）的一个组成部分，信托投资也许（但不一定）会摆脱整体上涨的趋势。但不管信托投资力量增强还是萎缩，对于机构型股票投资者，其他各领域的需求都将进一步增加，而这种趋势必将影响到整个60年代的投资者。投资者之所以不能忽略这种力量，在于如下两种基本原因：一个是经济因素，另一个则是法律因素。推动这种稳定增长的市场需求以及持续性的股票买进，只能集中于非常有限的几种股票。也就是说，这种趋势不可能蔓延到整个市场，现在不可能，将来也不可能。我们首先分析一下经济方面的原因。在一个行业中，低成本制造商每获得1美元收益要比边际成本生产者获得同等数量的收益更有把握，因此，低成本制造商往往会成为保守型投资者的选择。同样，如果制造成本基本相同的话，一个能在整个年度保持充足业务量的企业，显然要比业务量相对较小的企业更有吸引力。当大批低成本业务集中时，其投资吸引力自然也更大，实践中也是这样。

但在以往的30年里，很多基本业务都存在着相互融合的趋势，这让大型或超大型低成本企业比其他企业具有更强的投资吸引力。针对推动股价涨跌的主要影响因素，学者们进行了大量的研究。大企业有能力从多方面入手，这样，它们在经营手段上就具有小企业无法企及的柔性。大政府和大型工会组织的扩张，也需要大量的经济领域专业人员。大型企业有能力为应对政府而雇用各类税务专家、行业（或劳资关系）专家和销售专家，在世界各个地区派驻外交专家，乃至其他各领域的专业人士。而小企业的管理者却只能是杂而不精的万事通。在当今这个日趋复杂的世界里，专业人员的人工成本也是非常高昂的。大企业在管理的诸多方面具有先天优势。

它们在加大管理深度和保证政策的连续性方面具有更大的机动性。在一个经营状况总体良好的企业里，这些优势都将形成真正的投资价值，这样，投资者当然愿意按更高的市盈率支付股票溢价。最后我要强调的是，**大企业更容易借鉴其他领域的优秀管理经验，了解他人的情况，从而提高经营效率，并迅速将他人的优势融入自己的实践中。所有这些，都实实在在地提高了其市场价值。**

基于上述原因，尽管机构型股票投资市场并没有出现大幅增长，但至少会出现所谓的“蓝筹股”。真正能按高于其他大多数公司的溢价水平出售股票的企业很少，而能不断提高溢价水平的企业则更寥寥无几。当然，从财务上说，这种不断增长的溢价应该表现为股价相对收益的稳步提高，以及超过其他企业的市盈率。安全性越高，企业管理正常运行的时间越长，就越有可能保持股价以高于平均水平的速度实现增长的趋势。

但持续增长的机构需求确实是50年代的事实。从本质上说，绝大部分机构型基金，其最终受益人都会要求基金的主要投资对象应该是内在成长潜力最大的有价证券。尽管我们有足够理由买进大量具有股票风险特性的大学基金、遗孀基金或是企业养老信托基金，但对于这类投资者，把投资对象局限在最优异的有价证券上，无论在经营还是在经济上，都是有现实意义的。然而，经济因素并不是导致机构需求全部集中于股市某一领域的唯一原因。作为负责大多数机构投资的受托人，必须承担起受托人的全部法律责任。在法律规定上，对于依据若干法庭裁决界定的受托人，他们所承担的法律责任是非常明晰的。但在现实瞬息万变的情况下，呆板的规定未必有助于改进股票管理模式。无论是不是受托人，所有投资者都应该了解这些基本规定，因为它们一直影响着各种股票的市场价格，而且这种影响还将持续下去。

受托人很少会因投资出色而得到回报。即使他们的历史业绩非常出色，他们的收费却是预先确定的，而且恒定不变。相比之下，一旦出现亏损，他们就有可能受到重罚。但工作不力却未必能让他们受到处罚。如果他们在给受益人造成损失时违反了某些法律，受托人就必须承受弥补亏损的责任。因此，我们需要牢记，受益人在起诉受托人要求索赔时，往往拥有后见之明的优势，因为现实就是最好的证据。在出现上述由于违法而造成的亏损之后，受益人应该及时督促受托人尽早弥补该损失。反之，受托人只能依赖于先见之明。在这种情况下，我们自然不会感到奇怪：任何受托人都会对法律法规百般谨慎，尽量避免由个人来承担如此沉重的责任，即使他们的个人行为导致信托资产出现严重损失，也不至于无法自拔。

那么，到底有哪些法规能保护受托人免受非信用问题带来的法律诉讼呢？按照法律规定，只要受托人能保持适当的谨慎，就可以不承担个人责任。说起来，这似乎很轻松，但这到底又意味着什么呢？怎么才能确定，他们是否做到了足够的谨慎呢？在现实中，大多数律师都会这样解释：只要受托人能像大多数其他受托人那样，按相同比例买进并持有有价证券，他几乎就可以不承担任何个人责任。但我们根本就无法证明其他受托人到底持有何种有价证券，这就促使我们把关注点集中于最大、最突出，同时也是被视作信息最灵通的受托人（如纽约银行的信托部）持有的有价证券。正如一位评论家所言："只要你就职于一家好公司，赔多少钱都无所谓！"

对于这种规定，我们或许会感到不可思议：受益人的回报居然没有江河日下。甚至是制定这种规定的法庭也知道，经济世界无时无刻不在发生变化。5 年前也许适于受托人买进的股票，到了 5 年之后，公司的管理也许发生了巨变，以至于根本就不再符合受托人的投资要求。同是在 5 年前，另一家公司虽然拥有出色的管理，但却因规模小、不知名而不被受托人看好，今天却有可能被那些尽职尽责的受托人所青睐。同样是按照这些规定，如果后见之明证明其判断错误的话，受托人就有可能因为买进前者而不是后者受到处罚。

正是因为一些有胆识的受托人与少数城市银行信托部的开拓进取，信托投资业的管理才一直在不断成长，虽然他们也不得不面对不利的强制性法律环境。

无论是昨天、今天，还是明天，现实就是：只有少数几个异常强大的企业（主要是那些在本质上最适合受托人投资的企业），才能得到所谓"机构投资者的认可"。其中，大多数都具有能在任何条件下保持超高市盈率的特征。但由于这些股票属于受托人集中买进的品种,因此，它们都具有一定的稀缺性，其市盈率也会趋高。至于其他非受托的机构型基金，比如保险公司和大多数信托投资基金（信托投资通常为董事会控制的公司，因此，从技术角度出发，它们并不是真正的信托），他们多少会认为：投资这些最强大的公司，本身就是情理之中的分内事。当他们不断买进时，这些企业的股票与其他缺乏机构认可的企业间的股价差距，将会逐渐拉大。

进入 60 年代，有经验的非机构投资者与更有能力的机构型股票投资者，将会更敏锐地认识到，如何利用这些基本面信息来获利。他们将会发现，这些得到机构投资者最大限度认可的少数股票，尽管变化极其缓慢，但变化确实是存在的。就像少数收费不菲的名人俱乐部一样，每年的会员构成似乎一成不变，但总有少数人因为刚刚致富而具备了会员资格。当然，也会有个别会员去世，或是因为会员费太高而退出。但这绝对属于例外事项。总之，绝大多数会员是不变的。

在股票投资中绝不存在轻而易举就能实现超额利润的方法。但这种基本条件却允许我们可以在 60 年代采取最简单的一种方法（事实已经证明了这一点）：我们可以对机构投资者认同的优势企业进行详细研究。此处，我指的是已经或即将实现收益稳定增长的中型企业。这些企业可能已包括在少数机构投资者批准的投资对象名单上，也有可能尚未被任何机构投资者所接受。但它们必须拥有超凡的管理能力、稳定增长的特性、相对整个行业而言的较高利润率，以及适于机构投资者的合理规模。

如果企业随着增长而在内在属性上适于专业受托人持有，那么，这些企业迟早要受到受托人的青睐。而在这些受托人所投资的股票中，大多又都具有相对较高的价格，所有这一切，都会促使这些企业成为“名人俱乐部的成员”，也就是说，它们能赢得机构投资者的普遍认可，同时享受这种认可所带来的超高市盈率。

对于幸运的投资者而言，如果能在一种股票获得这种“名人俱乐部成员”地位之前买进它，就可以享受到双倍利润。首先，如果其收益的增长速度未能超过行业总体速度，该股票就不可能赢得这样的地位。因此，只有股东才能最先体验到这种收益增长趋势带来的收益，但股东还有另一种收获。假设有一家公司，在金融界看来，其经营状况一般，该公司在非萧条期或非高涨期内某一年的收益为每股2美元，市场价格为每股24美元，市盈率为12倍。5年之后，在同样不属于萧条期或高涨期的另一个年度，其收益始终保持增长态势，每股收益达到4美元。这本身就已经实现了价值翻倍，同时市盈率还保持为原来的12倍，这就让每股价格上涨到48美元。

但与此同时，金融界也开始逐渐认可这家公司，认为该股票已经成为绝佳的投资对象——这在5年之前是不可想象的。因此，股票市盈率将不再是12倍，也许可以轻而易举地达到24倍或96倍。换言之，由于敏锐的投资者已经意识到机构投资者对该股票的认可，并预料到由此带来的股价变化，因此，原来只翻一番的收益，事实上就会翻两番。

也就是说，这个投资者的财产在5年之内会增加到原先的4倍。之所以有这样的结果，一部分原因可以归结于其投资的股票当前市盈率的提高，另一部分原因可以归功于这些股票盈利能力的提高。那么，这个投资者是否可以就此认为：其净资产的增长有着坚实基础是合理的，就好像这些收益完全是股票盈利能力翻两番带来的结果呢？

在某种意义上，我们在讨论机构总需求在未来的增减时，就已经对这个问题作出了回答。如果有证据能确证，在未来若干年内，至少机构投资者的需求将会集中于少数几种股票之上，那么，相对大多数股票的总体情况而言，最出色的机构投资型股票将继续保持相对较高的市盈率。对于这一点，投资者应该没有什么值得担心的。因此，如果投资者能确信，手中股票的市盈率之所以会大幅增长，是因为当前机构的认可，他就会更加坚信：这种情况还将继续维持下去，而且他所得到的收益也是“真实”的（也就是说是永久性的），这些收益似乎完全来自于盈利能力的改善。

但在这个问题上，有一件事情是投资者需要提防的。出于各种原因，某个行业往往会成为市场热点。有些时候，这种投资热情背后的理由是相当充分的。但在另一些情况下，尽管有利因素也许是客观实际的，不利因素却没有得到应有的重视，因此，它的市场价格有可能已经严重偏离现实。在“二战”结束之后的不同时期，化工、制铝、人寿保险、铀加工以及医药业，都曾在短期内享受到这种市场的宠爱。但到50年代即将结束之时，市场的宠儿则变成了电子业。

尽管这种普遍热情背后的原因很充分，但当公众对这些股票的狂热追逐最终消逝时，即使是业内经营最成功的企业，股价也会从最高峰回落，出现轻微下跌。需要注意的是，在大多数人尚未觉察之时，这些原本就非常出众的股票，在不到几年的时间里，其价格甚至就达到了新高。

然而，如果投资者对行业未来投资前景的普遍看好有充分理由，即使是业内二流企业或是经营不够出色的企业，也能达到一样高的市盈率，但这绝不能代表它们的真实价值。**当整个行业的投资热情形成市场泡沫时，危险即将到来。**50年代中期的铝业和人寿保险公司，就是这种情况。

换句话说，当非机构投资型股票因得到机构认可而享受更长久的高市盈率时，如果投资者想充分利用这种优势，往往会这样做：一旦所持股票的市盈率表现出远高于市场平均市盈率的快速增长趋势，便对形势进行更细致的分析。投资者需要确定的是，这种变化到底应归结于机构买进该股票的原因，还是其他完全不同的因素。

但无论哪一种情况，都应该确定，对于这只股票所代表的公司，其管理、未来发展前景、内在风险以及真正决定其投资价值的其他各项因素，是否都能证明，不断增长的市盈率是合理的。如果答案是肯定的话，他就不必担心这种高市盈率的资产增长，会比股票盈利能力提高带来的增长更加虚幻、更为短暂，也更不合理。

这就促使我们去认识这个问题的另一方面：如果机构投资者将对60年代的股价带来更大影响，投资者要实现盈利，避免亏损，就必须去关注第二个问题：无论是原来被机构认可的股票退出了他们的投资名单，还是这个名单中添加了新股票，都需要经过很长一段时间。但这些变化归根到底是不可回避的。正如不断成长的公司注定要进入这个行列，尽管市场需要很多年才能真正认识企业的缺陷，但**一旦管理趋向平庸，企业失去前进动力，或是所在行业已夕阳迟暮，企业迟早要失去机构投资者的宠爱。**

在这个问题上，我们必须牢记：对于已为机构所接受的股票，其价格必然会出现上涨。因为美国就是这样一个国家：只有那些能力超群、异常优秀的人（但必须是那些被大家一致认为真正能力超群、异常优秀的人），才有机会进入更高的管理阶层。而进入这个层次，则是他们接触这个阶层其他成员的必经之路。只要一个人能进入这个阶层，几乎就不会有被剔除的危险。但在他们当中，如果任何一个人丧失原来卓越不凡的品质（当然，不可能瞬间丧失，而是要经过相当长的一段时间），他的地位就会不断被侵蚀，瞬息之间，他就会变得一文不值。正因如此，内在品质优秀的股票，其价格会因机构投资的需求而攀上顶峰。在这个问题上，几乎没有任何危险可言。只要保持不同寻常的品质，它们就能维持高市盈率，股价也将随着收益能力的提高而实现同比增长。但一旦丧失这些曾经让它们走向辉煌的品性，它们就会陷入深渊。价格下跌的速度不仅不会低于利润下降速度，甚至可能会跌得比利润下降速度还要快。

当机构投资者最终抛售股票的时候，这些股票也将丧失其原有的溢价。不过，只有在机构持有的股票开始丧失其吸引力的很长时间之后，股价才会出现下跌。这种滞后在一定程度上可以归结为，投资者往往需要一定的时间才能意识到，股票已经不再具备曾经让它们辉煌一时的内在特性。此外，我们还要考虑到，受托人在遵循通行规则的时候，必然要承受一定的法规约束，这就会形成滞后效应。尤其是他们所遵循的这些规则，同样适用于其他更大、更出色的受托人时，滞后效应将更明显。正是出于这些原因，只要有足够的理由相信，这些市盈率最高的股票仍具备支撑其高市盈率的内在性质，持有者就不必对这种高市盈率有所顾虑。但为什么说 60 年代的个人投资者应继续持有这些被机构看好的股票呢？一旦达到或接近机构投资者接受的顶峰，股票价值增长率就只能与收益增长率保持同步，既然如此，卖出股票难道不是更明智的选择吗？这样的话，他们就可以用这些利润，再投资于接近机构认可的其他股票。如果判断正确，机构认可带来的市盈率提高，就可以通过乘数效应，使资产价值实现若干倍于每股收益增长率的高速增值。显而易见，完全依靠收益增长而实现的股价增值，很少能达到如此之快的增长率。

尽管这些论述都很有道理，但我仍认为，只采用这种方式的投资者肯定不会认识到机构投资股票的本质。股票之所以能赢得机构的认可，并按快速增长的新市盈率进行交易，完全是因为它们本身就具有在既定风险下实现进一步利润增长的前景。如果一个投资者非常成功并积累了大量财富，我认为，他的秘诀之一，就是至少把一部分财产投入到最优秀、最安全的投资之中。稳定安全的持续性增长（尤其那些已带来丰厚收益的投资），以及以更高风险实现更快价值的增长，都是这些投资者所追求的目标。一旦股票具备了某种令人羡慕的投资吸引力，往往就会走向巅峰，但它们的退化速度总是非常缓慢，以至于只有敏锐的投资者才能察觉到这些迹象。因此任何谨慎的大型投资者，似乎都没有理由不去享受这些超级股带来的快乐。此时最合理的选择，就是把足够数量的资产投资于这些股票。这样，就可以让成功的投资不会因沉重的税赋而大打折扣。

总之，美国经济史已告诉我们：在这些最优秀的高市盈率的机构投资型股票中，很多都保持着强大的发展动力并富有管理活力，因此，它们永远也不会从顶峰上跌落下来，而是在一个又一个的 10 年里，不断地成长着。

国际竞争

1957年之前，大多数美国人还自以为是地对自己经济霸主的地位感到沾沾自喜。此时，在低成本劳动力生产出的欧洲产品（偶尔也包括日本产品）的大肆“屠杀”之下，美国的汽车、机器设备以及众多其他家用产品都已开始走下坡路。遗憾的是，这种情况的长期影响并没有引起大多数美国人的警觉。

突如其来的是，公众情绪似乎在一夜之间就发生了天翻地覆的变化。经济形势不断恶化，无论是诺克斯堡（Fort Knox，美国国家黄金储藏地）大量黄金的外流，还是外国低价汽车在美销售额的稳定增长，都促成了这种认识上的巨变。在此之前，很多人只知道，其他一些国家的单位小时工资仅相当于美国的1/10 ~ 1/4。但他们依然心安理得地认为，那些国家根本就没有任何技术力量，美国的专有技术完全能弥补人工成本上的劣势。可人们似乎对这样一个基本事实视而不见：外国人的智商水平绝对不比美国人低。凭借美国出口的专有技术和设备(购买它们的资金往往也来自于美国政府的资助)，聪明的外国人在效率上与美国人越来越接近。

50年代即将过去时，这个问题的严重性也日渐明显。至少在眼下，美国人还没有找到切实可行的解决方案。在即将到来的60年代的大部分时间里，敏锐的美国投资者必须做好准备应对这样一种两难困境：怎样管理投资，才不会因被投资企业直接受低成本进口商品的影响，或主要客户逐渐流失这样的原因，而让自己的投资受连累呢?

目前，我们可以通过两种相互独立的途径来给投资者带来期望中的安全投资。第一个途径显然就是直接投资于这些外国公司。这种做法已经得到了广泛认同。但在某些时候，很多匆忙买入“欧洲共同市场”（European Common Market）或其他地区主要公司股票的投资者，常常会出人意料地发现，他们的处境不仅未见好转，反而进一步陷入困境。

对任何一种成功的股票投资，最根本的核心就是了解自己在做什么。与规模类似的本地企业相比，对于总部所在地与运营地在空间距离上明显超过一般美国企业的外国公司，投资者更难对它们进行调查。与此同时，让这个问题雪上加霜的，不仅有英国及其他国家的公司所面对的语言障碍，而且还有空间距离上带来的困难，因为它们的很多客户和投资信息提供者都在国外。

更重要的是，外国公司诞生和成长于完全不同的投资环境。从传统上说，它们在基本信息上的自由度也远不如美国企业。有些国家的会计制度甚至和美国相去甚远。最后一点，很多外国股票在市场上的流动性低于美国本土股票。因此，少量的股票买卖，就有可能给价格带来巨大影响，这与美国投资者熟悉的情况迥然不同。

但这些并不是说，买进外国公司的股票就只会招致失败。而是说，对大多数美国人而言，与成功的国内投资相比，通过投资外国公司的股票来实现盈利要困难得多。它还告诉我们，60 年代伊始，美国金融界过去对大多数外国投资那种不加分辨、未经稀释的热情，随着时间的推移，将会明显消退。即使外汇征税或政治性的财产充公等特殊问题不会进一步影响投资安全性，国外股票的吸引力仍然会显著下降。

投资者可以采用的第二条途径也不难理解。那就是买入并持有投资于国外企业的美国公司（并且正在增持国外投资）的股票。这些外国公司不仅拥有低成本劳动力，而且还拥有美国的先进管理模式，两者结合，就能创造出美国其他企业无法企及的投资收益率。在某些条件下，这些美国企业可以完全按国外竞争者的出口价格，在美国市场上销售其全部或部分产品，这样，它们就可以和国外进口产品一争高下了。

也许有人会说，古巴是一个极端的例子。实际上即便是同一地区，联合水果公司（United Fruit Company）也很难对长期投资者产生吸引力。难道古巴真是一个特例吗？或者说，它代表了世界其他诸多地区此刻可能发生，且未来必将发生的故事吗？为什么人们会感觉到，古巴模式很容易在其他地区反复上演呢？

下面，让我来为你作简单的分析吧。

首先，在一个大家庭里，有钱人总是难免要受到其他人的嫉妒和反感。对世界上的绝大多数普通人而言，美国是一块充斥着富人的土地。我们的电影和美国游客，更是把这种印象传递到世界的每一个角落。我猜测，超过90%的美国游客的言行还是有利于树立美国良好形象的。但任何一个到过国外的人，都难免会出现某种不端之举，比如说他们对所在地区的人文风俗随意指责，有的还说出从其他美国人身上学来的污言秽语。遗憾的是，即使有50个美国人能在国外做到言行得体，也无法弥补这样一个行为不端的美国人给美国的国际形象所造成的损失。毫无疑问，美国游客让美国人被世界大多数地方的人嗤之以鼻。

更糟糕的是行为方式上的差异。外国投资者，尤其是投资于美国的公司，自然就成了本国政客用来扩大这种影响力的手段。为什么在古巴所发生的一切，总是在其他地方一而再、再而三地上演呢？

就算这种情况不可避免，但为什么情况总是一次比一次更严重呢？我们不难发现背后的原因。首先，50年代即将结束，在国外低成本劳动力的刺激下，美国在国外投资建厂、开设分支机构的数量也达到了顶峰。这不仅造就了所在国畸形的繁荣，也加剧了不同国家为追逐这场淘金大潮而展开的竞争。只要能越来越繁荣，获得越来越多的新建设合同或是其他收益，外国人自然就能享受到当地人的礼遇。但当停止资金输入、经营利润开始回流的时候，人们的态度就会发生180°大转弯。在谈论美国与佛朗哥就西班牙军事基地进行的谈判时，欧洲评论家们的讽刺，正是这种心态的反映。在有美国资金输入的西欧地区，反美情绪一直在升温，在某些地区甚至已经达到了不可收拾的地步。在西班牙，尽管目前尚无美国投资——但肯定已经为期不远，美国人受到的欢迎达到了前所未有的程度。

至于说未来更有可能重复的古巴式发展，还有另一个原因：这种做法在经济萧条时期比繁荣时期更具必要性。如果古巴不这么贫困的话，卡斯特罗也许不太可能会这么做。在当今的很多国家，当权者都在迫不及待地争取美国人投资建厂，这就为美国投资者创造了有利条件。这难道不是在提醒我们，对那些在经济萧条到来时会大声斥责这些政策的反对派政客，应该站在什么样的立场吗？

因此，投资于拥有大批国外股份的企业，也许并不像眼前的收益指标那般诱人。在国外拥有大量工厂设施的企业，或许可以在几年内创造出令人羡慕的业绩。但如果把这些来自国外的收益按国内收益对应的高股价转换成资本，我们马上就会发现，大量的利润以及某些更重要的资产，很可能会在转瞬之间灰飞烟灭。当然，不同国家的情况可能会有所不同。在某些地区，也许根本就不存在什么严重问题。

因此，如果这些国外分支机构无法为投资者找到能在 60 年代规避国外竞争的出路，那么，是否还有其他安全的途径呢？我相信，肯定是有的。在某些技术日新月异的领域里，获得并维持技术上的领先地位，就是美国企业对抗国外低成本竞争对手的最有力的保证。持有这些股份的投资者，不仅不必担心国外低成本劳动力给美国经济带来的威胁，反而有可能在不需承担外国高风险投资的前提下实现收益。

为什么这么说呢？既然外国的研发成本低，那它们为什么不能马上成为技术领先者呢？答案肯定不在于美国比外国拥有更多有天赋的人才。实际上，这是因为某些技术过于复杂，而且很多技术拥有多种多样的发展方向，这让一些美国公司在某些技术性非常强的领域内，积累起无法动摇的优势，而其他外国公司则在完全不同的领域，也积累了同样稳定的领先优势。因此，最关键的问题，就是要找到一个保持领先优势的技术团队。换句话说，有些公司在各自领域（或是其中的某些重要部分）似乎拥有无可比拟的技能优势，因此，竞争的目标，无非是在自己的领域内不断创新。未来，当它们实现了既定目标之后，又会想方设法再向前迈进一步。如果一个企业能做到这点，它就应该像对待国内竞争一样，根本不必担心国外竞争。

这样的企业同样可以分享国外工业化国家有可能在60年代形成的优势。如果公司的产品线在技术上做到无与伦比，外国人肯定想购买更多的美国产品。事实上，在最近外国工业开始腾飞之前，他们就已经有了这样的购买欲望。但直到现在，这些潜在的外国客户还要受到当地政府配额的限制。不过，在进入60年代之后，这将并不再是什么大问题。因此，对于这些在技术上占优势的企业，他们也许会拥有一个在几十年前不可想象的、规模庞大的海外市场。

最后，**如果企业拥有外国人无法比拟的优异产品，而且又在国外建立工厂，那么，它们就能规避以抵制国外企业为目的的税收或政府征收**——而那些不幸的企业，则不会碰到这样的好事。希特勒对犹太人的迫害众人皆知，但在这里，我们还是有必要作进一步的深入探讨。它的极端性体现在法西斯对大多数犹太人的屠杀，但也有一小部分犹太人却过得无忧无虑，原因就在于，他们拥有希特勒迫切需要的技术才能。同样，如果一个公司拥有大多数企业根本就不具备的生产某种关键产品的专有技术，而这种产品又是其他国家迫切需要的，这就会让企业在与敌对国家政府的讨价还价中占有优势。

如果说希特勒这个例子似乎有夸大其词之嫌，那么，某些石油公司在中东地区的经历也许值得一提。这些石油公司之所以能在这里落脚，并不是因为它们之间有什么约定或是默契，而是因为它们认识到，拥有自己的运输和销售石油产品的营销设施的必要。正因如此，这些公司才未受到冷落。在一个民族主义盛行的国度里，了解如何生产这个国家最需要的产品，是至关重要的。

那么，所有这一切到底意味着什么呢？从投资者的角度看，防范60年代国外竞争的秘诀，与寻找优秀投资所依据的规则，并无二致：不在于是否存在国外竞争。在寻找优秀的投资目标时，如果投资者完全依赖于自己是否拥有出众的管理与出类拔萃的技术，并在国外竞争形成真正威胁之前证明自己的投资价值，那么，他根本就不必顾虑60年代的国外低劳动力成本。只有那些产品易于被外国企业复制的平庸企业，才有可能陷入危机。

所有这一切，都是以狭义的视角或是以个别投资者借以盈利、避免亏损的方式，来看待国外竞争这个问题。但如果从广义上看，又将如何呢？低收入的外国工人生产的产品对美国市场的大量出口，是否会让所有美国企业在竞争中心有余而力不足呢？

我认为，在了解哪类人将成为一国总统，以及他们对这个问题的态度如何之前，我们很难明确地回答这个问题。越来越多的证据表明，如果国内工资水平的增长速度低于国外的话，并假设额外雇工（featherbedding，指人为地增加雇员人数的规章制度或做法。——译者注）的额外压力不会增加美国产品必须承担的成本压力，那么，美国企业完全有能力解决工资歧视和成本补偿问题。

额外雇工问题，更确切地说就是维持非必要岗位而采取的措施，并不是一个轻易就能解决的问题。企业管理者可能会认为，额外雇工是令人无法容忍的（事实也确实如此），但工人却坚定不移地拥护这些政策，除非所有受到影响的工人都确信，在他们的工作被效率更高的设备代替时，能在同一社区找到收入相当的工作。随着无数新兴行业的不断创新，老行业也能以更少的工人生产更多的产品，因此只有给予被取代工人足够的关注，并保证他们能找到收入与原先相当（甚至更高）的工作，才不会出现什么危机。

我想，只要政府能在60年代直面额外雇工这个问题，而且又有不错的运气时，大多数美国行业都能恢复到它们原来在国内市场上享有的地位，并继续保持相对于国外的现有工资差距。如果未出现这种情况，而且美国工资成本的上涨速度又继续超过其他国家，必将出现大规模的失业和经济衰退。

但我认为，在这个问题上，要预测未来为时尚早。太多的结果取决于这位未知总统是否会让一个国家陷入原本可以避免的经济危机，或是能否通过个人影响和魅力让所有群体各司其职，而又不必牺牲现有的高生活标准，让美国企业在和这些气势汹汹的低劳动力成本国家的企业竞争时，依然雄风不减当年。为此，企业和工会的领导人就应该携手合作。但迄今为止，我们尚未看到这样的迹象。假如有一天，企业的领导人完全来自政府，此时，一切就只能取决于政府的领导者及其行为方式。因此，要想在今天就对这些问题作出明智的判断，恐怕还为时过早。

人口膨胀

严格来说，60年代的人口猛增和未来的投资问题似乎风马牛不相及。我认为，**从任何一个角度看，和我们此前讨论过的因素相比，人口都不是影响投资的主要力量。**但很多媒体却在大肆渲染这个问题，而且它又和“黄金60年代”（golden sixties）这个概念紧密相关，因此，即使是从预测未来的角度看，我认为这个问题也是值得讨论的。

有些人一直在宣扬，人口是未来经济实现实质性增长的保证，这样的说法确实让人欣喜愉悦，但未免有些浅薄，事实上，这种观点的论据非常简单。他们所说的,就是从“二战”时期开始出生率快速增长。除了个别停顿期之后，这种趋势一直延续至今。但到现在为止，这次人口激增还基本上表现为婴儿和学龄儿童的增加，直到近期才延伸到青少年，这个群体的需求能力相对较为简单。随着人口增长延续到20岁左右的青年人，他们对汽车及相关商品、高档服装的需求以及年轻人渴望得到的其他各种经济需求也开始出现增长。反过来，这又带来家庭结构的变化与成员数量的增加，进而形成更大的经济需求，如对住宅、家庭用品和家具等日常商品需求的日渐增加。由于出生率始终保持在较高的水平上，婴儿和儿童群体的需求也一直处于高速增长的状态，因此，相关商品的需求造就出一种欣欣向荣、日新月异的经济局面。

但评论家们对此众说纷纭。他们认为，人口增长并不能带来经济繁荣。这些总体上尚处未成年阶段的群体仅仅是在花钱，而不是通过能带来足够收入的工作为社会创造财富。因此，最有可能出现的情况是：随着人口的增加，很多家庭不得不重新安排原已入不敷出的收支预算。而对一般家庭而言，基本上只能做到收支平衡。因此，当婴幼儿和青少年带来额外的支出时，父母就只能减少自己的支出了，因为只有这样，才能维持整个家庭的收支均衡。在这种情况下，由人口需求确定的经济总量依然如故。唯一变化的是需求结构，也就是说，收入支出结构将出现进一步调整，越来越多的收入将被用于购买食品，而人均收入和生活标准也必将江河日下。

那么，在上述两个截然相反的预测中，到底哪一个是正确的呢？在当今的美国经济中，也许两者都无法被证明是对还是错。很多父母都有过这样的体会：随着子女年龄的增长，日常需求给家庭预算带来的压力也越来越大，要解决这个问题，在很大意义上只能依赖于家庭收入支出方式的调整，或者父母支出的减少。按照这样的预测，悲观主义者的观点似乎更合乎现实，因为在商品需求出现巨幅增长的同时，购买商品的可支配收入并没有实现同步增长，因此，也就不可能带来总体国民经济的真正飞跃。

但现实并不完全如此。在美国，弱势个体只要有足够的动力，他们就可以得到增加自身（以及社区）财富的机会。在其他国家处于永久性失业状态的家庭主妇，在美国却可以得到一份工作，成为家庭收入的辅助来源。随着家庭需求的日渐上涨，丈夫可以更努力地去工作，想方设法改善家庭生活，不断寻求收入更高、效率更高的工作。当青少年步入成人阶段之后，也会加入劳动力大军。因此，我们至少可以在一定意义上认为，在子女不断成长的同时，一个家庭所能创造的总财富也在不断增加，从而满足不断增长的家庭需求。因此，经济总量也就出现了名副其实的增长。

总之，从总体经济水平上看，尽管人口增长的影响似乎还不能像很多人津津乐道的那样，成为创造“黄金60年代”超级繁荣的坚实后盾，但也绝不至于像某些人设想的那样——只能导致生活水平的直线下滑。但从股票持有者的角度看，人口数量变化带来的经济总量增长，表面上似乎并不显著。其中的原因在于，投资者所持有的股票并不能反映总体经济，只是针对个别公司的股票。随着劳动力的增加，这些公司产品的潜在市场也将扩张，随之而来的，将是竞争的加剧。与此同时，在经济的很多门类中，市场将被更多的企业所瓜分。更为重要的是，很多家庭都打算改变家庭预算。有的家庭甚至要彻底调整过去的支出方式。这就意味着，家庭需求将在不同类型产品之间出现明显转换。因此，有些企业将受益，有些企业却要为抵御市场的萎缩而拼命挣扎。

我们是否可以预测一下：哪些企业受益最大，并据此调整我们的投资计划呢？除了在极个别情况下，我并不认为这是一种明智的选择。不断增长的预算压力，使得投资者很难预测家庭支出的变化。比如说，我们根本就无从知晓，一个家庭到底是应该先粉刷住房，还是先购买汽车。以前也许很想买辆新车，买辆好车，但现在或许会转而购买廉价车，甚至是二手车；在饮食结构中，也许会增加面食，减少肉类；在不断调整支出结构的同时，还有可能采取其他措施。

技术进步可能会降低某些产品的生产成本，或是创造出节约开支的新工艺。按照美国的家庭数量以及他们所面对的选择，大多数人能做的，只是静观其变，然后再对未来的发展趋势作出尽可能合理的判断。但只有在极个别的情况下，这样的判断才能对投资决策产生足够的影响。简而言之，人口变化问题的重要性确实有点言过其实。

对于“黄金60年代”这个观点，人口影响一直是其最主要的依据之一。这也就是说，人口增长本身，是实现经济繁荣不可或缺的基本动力。那么，这样的说法是否仅仅是一场海市蜃楼呢？事实也许并非如此。

科技创新会创造新的产业，还让原有行业焕然一新。由此而带来的增长和繁荣，必然为难得一见的经济增长奠定坚实的基础。至于能否把这些基础条件转化为现实的经济增长，在很大程度上还取决于科技进步带来的诸多收益，抑或让这些优势在税收、信贷、劳动力以及政府管制等方面的不明智的限制政策下，变得荡然无存。当然，只有随着未来10年社会经济的不断演进，我们才能回答这些问题。与此同时，我们最好还要牢记：很多股票在50年代经历的飞涨期已经临近尾声，这将在很大程度上让我们的预期大打折扣。

换言之，到了60年代，股票将会为投资者带来令人兴奋的收益，这样的投资机会肯定要比50年代罕见得多。除非遇到极其罕见的天赐良机，否则，被大家广为宣扬的人口增长曲线，应该与这种投资收益没什么联系。

经济学家黯然神伤，心理学家闪亮登场

我在本书中曾反复提到，原本最有能力预见未来的金融界，却总无法认清现实世界的变化，总要等到新力量持续数年之后，他们才恍然大悟。正因如此，那些试图预测未来经济走势的人，才成为决定40年代和50年代投资决策的一个重要因素。即使在今天，仍有无数投资者和专业投资顾问坚信，对于一个明智的投资决策而言，其核心就是要尽可能准确地预测未来经济。若经济前景看好，则买进股票；反之，则卖掉股票。

很多年前，这样的策略确实比现在更有效。首先，当时的银行体

系尚不健全，在银行业出现严重问题导致严重通货膨胀的时候，政府很难提供有力的支持。一旦经济（以及联邦税收收入）跌落到反常的低水平，现有税收体系就会带来严重的通胀性支出。因此，整个社会根本就不敢奢望：当经济出现严重下滑时，政府会当机立断地采取得力措施来扭转颓势。其次，以前的行业基础也极为有限。在当今日趋复杂的经济体系中，很多行业在基本特征方面缺乏必要的联系，而只有具备了这样的联系，我们才能保证：即使没有政府的干预，也不会有比以前更严重的经济衰退。有些行业可以充分利用超常的有利条件为实现自身增长创造动力，但大多数行业只是随波逐流，甚至陷入倒退的旋涡中难以自拔。不过从总体上看，这更有利于保持经济稳定。

这些因素意味着，经济萧条对于投资者来说并不像多年之前那么重要。但也并不等于说，了解未来经济走势并不重要。换言之，即使拥有这些信息，也不能保证股票投资就一定能实现超凡的业绩。通过简单的数学计算，我们就可以说明这个问题。1937—1938 年以及 1957—1958 年，股市下跌与经济严重衰退曾并肩而行，大多数股票的跌幅均在 35% ~ 50% 之间。但在衰退期结束之后，表现较好的股票马上出现反弹，不久就达到了新高。即使是在史上最严重的暴跌期，也只有一小部分公司破产，或者说是股票跌幅达 100%。

在这些公司中，绝大多数企业原本就负债累累，并且发行了大量优先股，因此他们的股票分文不值。在经过这次以负债为基础，同时也是迄今为止最疯狂的投机大潮之后，股票大多贬值了 80% ~ 90%。相比之下，只要对股市历史稍加分析，我们就会发现，当股价在一定时期内持续上涨时，很多数字都曾达到不可思议的巅峰水平。和经济衰退相伴出现的 35% ~ 50% 的暂时性下跌相比，绩优股（通常是那些能通过良好的经营使自己始终保持高速增长的公司）却能实现几倍的增值，并在稳定一段时间之后继续上涨。很多股票在经历了 10 年的连续上涨之后，居然还能实现几十倍的增值，而不仅仅是区区的几倍。

正如我在《怎样选择成长股》一书中想表达的思想：**不同寻常的杰出管理之所以能创造出不同寻常的非凡股票，这背后肯定有章可循，尽管我们不能总是精确无误，但至少我们总可以找到一定的规律，去选择能给我们带来财富的股票，这就是我们的幸运之处**。另外我认为，以往的记录足以告诉我们：在现有的发展态势下，经济尚未达到可以用衰退预测来确定投资决策的地步。在当今高度复杂的经济环境中，影响这些预测的因素太多了。对这些越来越多、越来越复杂的因素，我们对其中内在联系的了解度还远远不够。正因如此，很多经济学家才会有不同的观点，才会让他们犯下那么多不可理喻的大错。

但从追求结果的角度出发，我注意到，很多在投资决策时过分强调经济预测的投资者，往往会不由自主地让自己跻身于如下两个群体。一个群体中的人往往本性多疑，他们总能找到合情合理、极有说服力的理由，让自己相信：未来的经济将不可避免地遭遇重大挫折。因此，在出现投资机会之时，他们很少能抓住这些机会，归根到底，这些错失的良机意味着——经济预测给他们带来了重大损失。另一个群体则表现为不折不扣的乐观主义者，他们总能找到乐观的理由，满足自己不断膨胀的欲望。因为他们总能给自己想做的事找一个理由，然后又总是自以为是地付诸实践。结果他们在经济预测上耗费了大量时间，却没有给自己带来任何好处。

越来越多的投资者逐渐意识到，只有依赖于最直接的商业因素，才能对股票投资作出明智的决策。比如对企业管理能力的评价，以及对个别企业产品线增长潜能的估计，我们完全可以对这两个因素作出精确的测评，要知道，两者均对长期投资走势具有深远影响。除非我们所依赖的经济周期预测方法比今天更科学，否则，我只能相信，经济学家在投资领域的作用，注定会不断减小。我认为，虽然很多经济学家绝对是出类拔萃的天才，但他们应该会越来越清醒地意识到，他们的能力并不适合担当起经济预测的重任。遗憾的是，还是有那么多的人，也不管自己有没有这样的能力，就蜂拥加入到这个行列中。

新闻媒体在报道 1959 年秋季的美国全国商业经济协会（National Association of Business Economists，简称 NABE）第一届年会时指出，这些私人企业的顾问尽管尚未达成一致，但已经有越来越多的人开始呼吁：他们应该放弃经济预测这样的工作。同时，很多人已意识到转型的必要性：让管理者随时了解"企业经营所依赖的社会、政治以及经济环境前景"，并在反托拉斯工作方面提供比法律机构更为广泛的观点。据报道，一位与会人士在发言中指出："我已经不再预测经济了。"他已经对那些"走进未来的专家们"失去了信心。尽管他们大多是私人企业（即大型制造商、经销商和运输公司）的经济学人，但我仍然认为，同样的问题至少也适合于股市里的经济学人。

在我看来，我们完全可以认为，随着 60 年代的到来，上述原因，必将导致预测经济总体走势的作用逐步降低。那么，除了税收等法律法规的变化、企业管理和利率的波动这些人人皆知的因素之外，是否还存在其他需要投资者关注的问题呢？我相信，答案是肯定的。只是我一时还找不到更确切的语言来表达，所以，姑且把它们一概称之为影响有价证券价格的"心理因素"。

要理解这一点，不妨看看投资中的几个基本问题。股票为什么会在特定时刻具有特定的价格呢？这并不是因为它以前怎样，现在怎样，或是将来会怎样。这是因为在这种股票的现有投资者和潜在投资者中，绝大多数都认为它就应该是这样。当我们谈到投资者对一只股票在特定时刻的看法，而不是对股票本身的内在属性的看法时，实际上，我们只是在讨论心理因素。当然，这种心理因素仅仅是一种短期特征，这一点是毋庸置疑的。在谈及某只股票或整个行业的吸引力时，大多数金融界人士会沉醉于这些股票的超额升值之中。一年或许是几年，投资者依然还在乐此不疲地为这只股票（或是这个行业的大多数股票）支付着溢价，而溢价本身早已超过股票的内在价值。

但这只股票或其所处行业迟早会辜负市场期望，一旦这成为现实，失落或幻想破灭的情绪，便会迅速蔓延于投资者之中。随后，这些股票的市盈率将一落千丈，股票价格最终回归至其内在价值。此时，市场会频繁出现过度反应，导致股价低于某一临界值，因为找不到合适的语言，我干脆就把这个临界值称为“内在”价值。

这就是说，我们可以把任何一种有价证券都比作一个被一根绳子系住的气球，尽管它永远也不可能落地，但也不可能无止境地飞升，它上升的高度归根到底只能受限于这根绳子有多长。这根绳子就代表其“内在”价值。随着时间的飞逝，如果企业的盈利能力和真实潜能逐步改善，这根绳子就会越来越长。如果影响内在价值的某些内在要素出现恶化，这根绳子就会相应缩短。但在任何一个时点上，心理影响（也就是说，金融界如何评价影响内在价值的根本因素）将会导致特定股票的价格远远低于或是超过这根绳子的长度。瞬息万变的市场也许会酝酿出极度的热情或是悲观情绪，导致股价愈加偏离其内在价值。然而，就像我们所说的这个被系住的气球一样，它永远也不可能彻底脱离自己的真实价值，迟早会被这根绳子拉回去，即回归自己的内在价值。

股票评估问题的难点在于，没人能精确指出一只股票的内在价值到底是多少。正因如此，在探讨这个被系住的气球时，我才把“内在”价值锁定成一个相对较大的范围，并在“内在”这个词上加一个引号。对很多企业来说，无论是处于同一个领域还是处于不同行业，只要拥有可比较的增长率，我们就能估算出这个内在价值的近似值。

因此，通过这个例子，再结合管理质量、增长率以及对经济衰退的承受能力等其他相关因素，我们可以这样说，某公司股票目前的每股内在价值在 25 ~ 30 美元之间。至于能否作出更精确的估算，至少我自己还不知道。某些处于快速成长状态中的企业往往具有非常高的市盈率，我认为很难对它们的内在价值作出更精确的估计。对于这类企业，最重要的，不是当前的增长率，而是这个超常的成长速度到底能维持多久。

对未来看得越远，误判的概率也就越大。因此我们能允许的误差范围越大，确定其真实价值的难度也更大。无论在什么情况下，由于影响股票内在价值的因素太多，因此如果企图把内在价值的精确度限制在 10% 之内，显然不明智。如果一只股票具有长期的投资吸引力（因此决定其内在价值的那根绳子将会不断延长），只要市场价不超过内在价值估计值的 25% ~ 30%，你就可以买进，如果判断准确，这笔投资注定会带来不菲的利润。**而危险则源于你对这只股票的过分热情，以至于你会忘乎所以地按数倍于真实价值的价格买进它们。**

总之，股票市盈率的高低与股价的高估或低估根本没有关系。在企业的现有实力与未来期望之间，往往存在着巨大差异，这自然会导致估价出现如此之大的差别。最重要的问题在于：事实是否支持这种高市盈率或低市盈率。一只内在属性的确不错的股票，显然应该成为一笔好投资，但投资者往往过分看重利好因素而按高于其内在价值的价格买进股票。在这种情况下，投资还有什么吸引力吗？如果出现更常见的相反情况呢？也就是说，对于这个不乏吸引力的企业，大多数投资者是否担心其市盈率太高，以至于其价格也不至于被哄抬到未来收益无法保证的地步呢？换句话说，金融界对特定股票的心理预期，是否已导致股价严重超出或跌破真实价值的临界点呢？

我们必须认识到这种分析在投资操作中的真正作用，只有这样，才不至于过分夸大它的重要性，而目前金融界的心理预期并不会影响到股票。相反，选择股票只能依赖于影响企业自身业绩的基本因素。在当前条件下，选择一个具有足够增长潜力的企业，绝不是一朝一夕就可以做到的。20 世纪的经济发展史已经不止一次地让我们体会到这一点。换言之，不要在乎转瞬即逝的心理因素，只要有足够耐心，基本面因素注定会给我们带来预期利润，但这也许需要相当大的耐心（以及把握基本面的能力）。同时，考虑到投资者在买进时存在的心理制约因素，对于原来作出正确判断的股票，实际效果与潜在最佳结果之间也许会相去甚远。

因此，心理学家也许比经济学家更能帮助我们选择正确的股票。心理学家还可以在更重要的问题上向投资者伸出援手。比如，从基本面出发，我们可以认为两只或多只股票都具有长期投资价值，在这种情况下，他们也许可以帮助投资者从中作出最优选择。心理学家甚至还可以帮助我们确定，按照目前的价格，哪些股票更有吸引力，哪些股票缺乏吸引力。但在股票是否具有投资价值这样的基本问题上，他们就爱莫能助了。

之所以称之为心理分析法，从我们考虑的角度来说，是投资者如何根据内在价值对特定股票的价格作出评估，以及如何对它们的未来作出判断。比如说，即使是在苏联出人意料地发射首颗人造卫星之后，大多数投资者都高估了火箭燃料制造企业的股票，但心理学能带给我们最理智的观点：这一事件给美国人带来了巨大的震动，因此，高估现象还将一直延续下去。

在 1958 年春，一个简单而重要的心理学观点，让我们深刻意识到心理学在投资领域中的作用。当时，华尔街几乎异口同声地认为，几个月前开始的经济萧条造成了企业盈利的下降，尽管股市在 1957 年 11 月 15 日骤然跌至最低点，但这还远远没有反映出企业利润的大幅下滑。我记得众多大型股票经纪公司的发言人都纷纷表示股价尚未达到最低点，按照目前的形势，最好的选择就是什么也不买。

在我的记忆中，金融界还从来就没有过如此一致的看法。似乎很少有人会否认：我们绝不会因为某一年的恶劣气候导致农作物歉收，就忽略不计良田的价值，同样，股票的市价也应该以未来多年的收益为基础，而不应该用一定时期内某个年度的非正常效益，再乘以一个倍数，作为该段时期的总收益。同样，也很少有人会因为人们认为股票具有抵御通货膨胀的作用，就必须把一定数量的现金投资于股市。

在买进任何具有内在长期投资价值的股票时，背后总有一定的心理原因：只要市场继续衰退，我们就可以认为，市场上已经出现大量抛售现象，即使是高质量的股票，也会进一步下跌，只不过它们的下跌稍微缓和一点。如果像现实中经常看到的那样，在市场进入复苏期时，原来离开股市准备"低价重新购进"的大量资金，必将导致股市在短时间内出现强势反弹。无疑，这个例子生动形象地告诉我们，**尽早意识到投资者的普遍心理是否偏离股市基本面，以及这种趋势还将持续多久，对我们确定何时买进优质股票，具有不可估量的作用**。这也许可以告诉我们，什么时候应该等待更好的机会，什么时候应该进入其他某些目前尚不看好的领域，去寻找同样的投资良机。

另一种股票投资心理研究方法也能给投资者带来深刻的启示。我相信，这个领域蕴含着更大的发展空间。多年以来，人们一直认为，在人类的行为范围内，很少有哪些领域能像股票投资管理这样，到处都充斥着欺诈和诱惑。很多貌似显而易见的真理，往往是彻头彻尾的谬论。很多经验丰富的股票经纪人都认为，在他们的客户中，大多数人都会一而再、再而三地犯完全一样的错误。

我认为这绝不是偶然或意外。在过去的50年里，股票投资技巧已经在很多方面发生了翻天覆地的变化。但人类通过投资于资本性资产而实现盈利的禀性，始终没有任何改变。历史告诉我们，在很多世纪前的那场投机热中，大批国外商品蜂拥进入荷兰市场，郁金香球茎价格的暴涨暴跌曾经令人窒息，而在1929年美国股市的那场狂潮中，股价也如脱缰野马般暴涨暴跌，两者之间是何其相似啊！更有说服力的例子则是英国的东印度公司。当时，整个国家似乎都沉浸在一片狂热之中，任何人都不怀疑，东印度公司的盈利将是不可限量的。人们不遗余力地买进股票，让18世纪的不列颠群岛陷入股票的旋涡之中。

无论是在当时的股市，还是现在的股市，主导型股票（leading

stocks) 和次级股票（secondary stocks，指小公司发行的价格相对较低的股票。——译者注）的市场行为之间的差异是基本一致的。同样，无论是上涨期，还是下跌期，各种脱离基本价格变动趋势的上涨和下跌，在幅度和持续期上也是非常相似的。尽管这些相似之处似乎各有特色，但它们都无一例外地证明，大多数谨慎的投资者在对投资大众的心理有了充分了解之后，都会深刻地体会到：人类总会对相同的投资动因作出相同的反应。

那么，心理研究到底应该怎样利用这个恒定的因素，为那些见多识广的投资者开辟新的盈利空间呢？在这里，我想用一个例子来解释这个问题，尽管这个例子所涉及的领域不为当代人所知，但适当的研究，也许可以给我们带来价值不菲的收获。我并不只是随意提起这个例子，而是希望我们能在这个科学技术迅猛发展的时代里，时刻牢记它。

某上市公司的研发部门开发了一个新工艺，该工艺有可能让公司总利润实现 50% 的增长。管理层将研究成果提交给董事会，以期尽早获得所需的资金支持。提议得到了董事会的批准，项目按计划启动，并在 18 个月后正式投产。但实际开工则是在 20 个月之后。在正式投产的 6 个月之后，新工艺开始出现盈利，3 年之后，就实现了总利润增长 50% 的目标。

显然，这样的研发会让股价大幅上涨。但这种增长到底会在什么时候变成现实呢？凭我的感觉（迄今为止，还没有人对这种现象进行过充分的研究，因此，也无法让任何人相信这一点），将研发结果提交董事会审批的日期是一个非常关键的日子。尽管没有数据来验证我自己的感觉，但不管怎么说，我仍然认为，从研发成果得到董事会批准的那一天起，股票价格将进入由跌而涨的转折期。当华尔街为这个新成果欢呼雀跃时，股价也必将在随后几周里扶摇直上。但在现实中，如果投资者几个月都还没看到股价出现上涨，似乎上涨还在遥远的未来，于是，最初的买家就会失去激情和耐心，股价开始下跌。至于这些股票到底还要下跌多久，也许完全取决于这个新成果到底还需要多久才能带来实际利润。奇怪的是，即便该工艺在此期间没什么进步，但只要能实现预期利润，股价就会再次上涨。不过，在现实世界中，这种上涨既有可能达到最初预期的价格，也有可能与之相去甚远。

至于优质股相对市场大盘的表现如何，这仅仅是我的猜测，这个猜测也许非常粗糙。众所周知，为了拓展业务，金融界雇用大批精英为现有或潜在客户搜索盈利机会。但让人感到不可思议的是，他们却始终没有对这种心理因素进行过彻底研究（当然，对总体市场水平在这种情况下发生变化所带来的影响来说，这并没有什么不对之处）。他们之所以不去研究这些问题，是因为大多数金融界人士并不关心心理因素，也就是说，他们总是不能拓展思路，而是一根筋地只关注问题本身。除此之外，这些工作还要求我们对所研究公司的内部事务进行深入了解。当董事会认识到一种新产品的重要性时，外界却只能通过接触这些董事才能了解到这一情况。任何调查人员都不可能通过阅读年报，就能轻而易举地了解事实真相。这些帮助理性投资者显著提升业绩的心理研究案例，或许可以引导我们在更深的层次上认识股市心理问题。在股市处于普遍高涨期时，股价会让研发的未来价值大打折扣。尽管它们的利好面肯定会成为现实,但却不可能持续多年。反过来，如果这些研发成果的低估不会让投资者在最终结果影响到收益之前卖掉股票，股价大幅下跌就不会出现。那么，这段时间到底要持续多久才算安全呢？对于普遍性的悲观期和乐观期而言，这个时间要素是否会体现出显著的差异呢？如果是这样的话，能否在它们之间找到一种可以衡量的近似关系呢？

在当今复杂的技术条件下，从完成产品开发到实现盈利性生产之间的先导期正在变得越来越长，这又会进一步影响到越来越多明星企业的股票。**人类总是习惯于以几乎完全相同的方式，对同一投资动因作出反应——相同的希望，相同的信心，相同的恐惧，还有相同的耐心。**

不仅仅是年复一年，而是一个世纪又一个世纪不断地延续着这样的行为模式。因此，我们完全可以利用金融心理学去研究并解决这些问题。我相信，随着60年代的到来，人们将对此给予越来越多的关注。

那么，是否有什么方法能解决这些本质上属于心理学范畴的问题，而不是在就事论事，以偏概全，通过精确认识新事物去实现一般性的结论呢？答案似乎是肯定的。50年代，俄勒冈大学工商管理学院的金融学教授O.K.伯勒尔（O.K.Burrell）曾做过一次试验。该试验的结论发表于《商业与金融纪事》（*Commercial and Financial Chronicle*）。我一直认为，金融界一直没有对此项研究给予足够的重视。它率先提出一种新的技术，借此，我们可以掌握普通投资者将对特定类型的影响因素作出何种反应。这种方法揭示出普通投资者的常见认识误区，从而避免做出那些可能会让他们付出惨重代价的行为。

试验对象是一个由40名学生组成的班级。在试验中，伯勒尔教授假设每名学生拥有2万美元的理论购买力，每个人都可以在6只被标示为A～F的股票中进行选择。所有学生必须用这2万美元一次性购买其中的任何股票。对于这些虚拟股票，学生掌握的全部信息就是伯勒尔教授随机设定的价格、上年度利润、股利率和除息率。学生有权自主决定如何在这些股票之间分配资金，而且投资组合在多样性方面没有任何约束。此外，伯勒尔教授还定期对每只股票的价格进行随机调整，以模拟市场上出现的价格变化。只要他们认为能增加投资组合的利润，就可以随意调整组合结构。同时，在每次股价变化之后，伯勒尔教授对每个学生投资于各股票的金额以及在整个投资期内的盈亏进行详细记录。伯勒尔教授需要检验的问题之一，就是在部分股票上涨、部分股票下跌期间，普通投资者是否会出现亏损。因此，这些学生必须保证全部资金始终处于投资状态。结果，在模拟的3年投资期中，虽然某些股票确实出现上涨，某些表现为下跌，但收益和亏损则恰好相抵。

试验揭示出的一些现象很有意思。首先，它表明，所有股票投资者都存在一种强烈的心理趋向。也就是说，在他们的心理中，总是把购买股票的价格与股票的真实价值联系在一起。对此，伯勒尔教授的结论是，整个班级的总体趋向就是希望以低于平均值的价格买进股票，换句话说，如果他们愿意为一只股票支付的价格为40美元，那么，当这只股票的卖价只有28美元时肯定更有吸引力。在剔除绝对性亏损的投资之外，他还指出，那些最不成功的学生（仅针对于本次研究）往往倾向于追求短期收益，而那些最成功的学生，盈利持续时间都相对较长。对于认为股票分割有助于扩大市场规模而始终提倡"分割"高估价股票的人，该试验也进行了特殊的安排——在基础收益相同的基础上，对高估价股票和低估价股票按相同市盈率进行销售，可是，试验却得出让他们感到困惑不解的结论：低估价股票的盈利能力略高于高估价股票。

远比试验本身更重要的是它提示我们，在剔除现实市场中给投资者带来恐惧和希望等诸多因素的情况下，我们可以用新的方法，检验公众对特定因素作出的反应。比如说，我们可以选择6只股票，并隐藏其具体情况，以避免后见之明带来的优势。

我们对这6只股票采用相同的3年投资期，但在这段投资期之内，彼此之间的具体交易可以各不相同。但这个试验的主体已经不再是学生，而是有经验的投资者。和现实情况完全一样，该试验投资的初始金额相同，但并不要求参与者进行全额投资。他们可以完全按自己的意愿行事，既可以用这笔钱投资，也可以持有现金。由于决策没有其他任何数据可供参考，因此，买卖股票的唯一动机，就是股票报价的变动。

今天，我们都知道价格变化本身就意味着大量的交易。但我们不知道导致股票交易的动机远不仅于此。如果操作恰当，这个试验也许可以给我们带来更多启发：投资者会做出怎样的行为（以及可能的原因）。

如果我们能在少数最成功的投资者以及大多数不太成功的投资者之间找到某种恒定不变的行为模式（这也是很可能的），我们将会得到更有价值的数据，它会告诉我们：投资者到底应不应该采取某些措施。

事实上，不需要多少想象力，我们也能想象到，只要调整一下伯勒尔教授的试验方法，就能帮助我们认识到股票分割以及投资者的价格反应等很多投资问题的重要性（或是不重要）。从本质上来说，这些确定投资方式的问题，都属于心理学范畴。但由于我们对此类问题的研究少之又少，因而，我也没有资格妄下结论，轻易断言这些方法就能帮助投资者改善投资业绩。

我唯一敢说的就是：在 20 世纪 40 年代和 50 年代，我们曾关注过对经济周期的预测；但等进入 60 年代之后，我们将把关注的目光完全转移到另一些问题上。竞争步伐的加快，也必将促使我们作出这一转变。其原因在于：尽管这些研究对投资者的基本问题——选择应该买进或卖出的股票，已经显得不再重要，但它们将给投资者的决策带来很大影响，这就是如何把握买卖股票的时机。

第 2 章

PATHS TO WEALTH THROUGH COMMON STOCKS

股价飙升，缘何而来

从 1 万美元起家的小作坊，到功率半导体的全球领袖，美国国际整流器公司成功的背后是什么力量在起着推动作用呢？

大多数主流证券交易所都会收集自己和很多竞争对手编写而成的权威“证券分析”报告。这些报告中对特定股票投资进行的分析，无非是建议投资者买入这些股票。尽管这些报告在长度和范围上差别颇大，但不管内容如何，它们大都倾向于向投资者宣扬某些特定股票可获利。实际上，很少有几份报告会出现预测股票下跌或中立的观点。

你不妨去找自己的经纪人，随意索取几份报告翻阅一下。你会发现，他们总能找出这样那样的原因，说明这种或是那种股票为什么要上涨。其中的原因可能包括：

- 股票的背后具有超常实力的资产支持；
- 分红收益超高；
- 现金分红很快要剧增；
- 很快要分利或进行股票分割；
- 市盈率非常低；
- 收益逐年稳定增长；
- 收益即将增长；
- 销售额即将增长；
- 一种极具吸引力的新产品即将面世；
- 公司在研发方面作出了巨额投资；

- 个别情况下，一个或多个拥有超常经营管理能力者的出现，使公司管理层发生重大变化（但这种情况确实少之又少）。

遗憾的是，在这个拥挤不堪的世界里，我们往往会因为过于忙碌而无暇思考：如此这般地疲于奔命，到底是不是最好的办法，是不是还有更好的办法，去实现同样的目标，抑或我们根本就是在南辕北辙，也根本就没有用足够的时间去解读 Hooligan 和 Van Astor Brickyards 股票的超常价值和高股利回报。

事实上，我们真该多花点时间，去思考一下这些最基本的东西。但当有人催促我们买进这种或那种原本同等重要的股票时，背后难道真有什么特殊原因吗？

对于一只随机选择，但却给持有者带来巨大财富的股票，真正让股价飞升的因素到底是什么呢？更重要的是，如此匪夷所思的价值增长（5 ~ 10 年的价值增长率达到甚至超过几十倍），是否可以归结于我们在探讨有价证券时很少提到的因素呢？

60 年代的惨烈竞争将会促使人们进一步认识到这些问题。幸运的是，我们在这方面已经迈出了坚实的一步，在我们面前的大多数障碍已经荡然无存。现在我们可以更深刻地去认识，金融理论究竟是如何浮出水面的。

我曾在本书的另一章里提到，我们可以轻而易举地认识到，股票背后的资产价值与其市场价值之间几乎毫无干系，除非清算一家公司，或是打算把资产收益转移给股东。尽管这在今天的投资领域几乎已经成为共识，但也只不过是近期之事而已。“一战”前，投资者在进行估价时肯定会坚信：资产是和收益同等重要的东西。人们逐渐开始从市场本身的行为中领悟到其中的奥妙。随着时间的推移，从资产属性出发的投资建议，开始越来越不为人们所看重。

敏捷式企业管理

在彻底摒弃资产价值这个概念之前，投资者最好还是要记住：不可忽视资产价值的副作用。如果没有清算或是转让的希望，即使有大量的资产为基础，也不可能盼来股价的上涨。但在某些情况下，缺乏资产基础却有可能导致股价下跌。而机敏的企业管理者则会不遗余力地去寻找获得超额收益的投资机会。如果能找到一个资产回报率较高的企业，他们自然会有足够的动力去深入探究：能否进入这个领域，去分享这份丰厚的利润。我们总能找到充分的理由去否定这种可能性。比如说，高收益、低资产厂商创造的专有技术、专利保护以及客户对现有知名品牌的忠诚度等诸如此类的其他原因。然而，如果说后来者更有可能轻松自如地进入这个领域，并以少量资产博取高额收益，那么，我们更有可能看到，将会有越来越多的其他企业进入这个空间。很快的，原本极高的利润率会陡然下落。

因此，一旦投资者发现这样一个高回报率的投资机遇，他肯定会像该行业的企业管理者一样，迫不及待地一拥而上。反之，当他发现由于缺乏足够的利益动机而让其他投资者敬而远之的话，他自己也会对这些低价值资产退避三舍。但在大多数情况下，他总能找到强有力的证据去证明：在任何一个领域，现有大企业往往拥有潜在进入者无法比拟的优势。如果事实不是这样的话，其他企业早就加入到这个竞争行列中。在这种情况下，他很可能会彻底忘记一条原则：**资产价值或账面价值与股价的未来变化趋势几乎毫无关系。**

直到最近，投资者才开始认识到，股利对股价影响甚小，而以往的观念恰恰相反。正如我在《怎样选择成长股》一书中极力主张的，所得税让很多投资者的实际收入大打折扣。对留存收益进行再投资也存在着风险，相比之下，通过卓越的管理，把这部分收益再投资于能为股东赚取高收益的业务，却显得更容易、更安全。因此，有些投资者喜欢不分配股利的股票，有些投资者偏好低股利分配率的股票；而另一些投资者则看重高股利分配率的股票，这样，股利增加就成了他们唯一的期待。这意味着，增加定期发放的股利分配率，不仅有可能，而且也确实对股票价格产生了一定影响，因为这迎合了某些股东的喜好。不过这也告诉我们，股利增加带来的影响，远非我们先前想象的那么举足轻重，因为这与实现超常成功的标准——市价增长几倍而带来的超额收益——几乎风马牛不相及。

对于德州仪器或安派克斯这些快速成长的企业，它们取得的成功是空前的，但它们既不发放股利，也不打算在未来实行稳定的长期股利分配政策，它们的辉煌让很多人领悟到股利收益带来的价值增长非常有限，而股利分配更无益于实现可观的资本利得。而低股利政策的传统追随者——我们可以从诸多行业中挑出几个这样的例子，比如说 IBM、陶氏化学、明尼苏达矿业及制造公司（Minnesota Mining and Manufacturing）以及柯达，这些具有多年成功业绩的企业向我们证明了这一点。

如果说实际（现金）股利在推动市价上涨方面的作用并不像我们先前想的那么重要，那么越来越有说服力的数据正在向我们一步步揭示：股票红利和股票分割（除了由此而带来的现金股利之外）的影响实际上并不存在。很多有影响的研究（见“Split Stocks Split Before and After”，《商业与金融纪事》，1957 年 1 月 31 日；或“Stocks Split Results Can Vary Too”，《商业周刊》，1956 年 2 月 18 日。——译者注）都已经指出，不管怎样，股票分割都不可能影响股票的未来价格收益曲线。就在股票分割的消息被公布的一段时间，被分割股票的表现似乎要好于市场，但其中却隐藏着一个更大的问题：这种业绩上的出色表现（大部分股票分割都没有创造出色业绩）是否应归结于股票分割？或者说，因公司业绩提高而导致股价上涨时，董事会是不是根本就没有作出分割决策？在股价发生巨变的任何时候，股票分割和股利的总体影响都是微不足道的。也许有人会说，某些投资者喜欢买进市价低于50美元的股票，这样他们就可以用同样的钱买到更多的股票，而这却会增加市场上的低价股需求。然而还有人可能会主张，那些见识浅薄的投资者会选择某些股票，而撇弃另一些股票，他们也许根本就没有足够的投资意识去感悟成功投资的真谛，至于做一名长期投资者的目标，自然就更无从谈起了。因此，**股票分割或许可以提高股票的换手率和短期持有者的数量，但却不可能对价值产生长期影响。**

销售增长、新产品投放以及利润增长预期之间的关系是显而易见的。这就促使我们把利润看成驱动股价变化的第二因素。我认为，既然每股收益增长率以及股价大幅变化之间的相关性，是如此之密切和显著，那么，现在再去讨论这些所有投资者都确信无疑的事情，自然也就毫无意义了。每股收益先行增长并带来持续增长的预期，与此同时，股价却落后于市场大盘，这样的情况绝对少之又少。但是否还存在其他因素，或者说是某些不被普遍接受的因素，和收益变化共同决定了个股的波动性注定要超过市场整体呢？

我相信这样的因素是肯定存在的。但我更相信，如果一个投资者真正理解这种影响，就能让自己置身于无往不胜的境地：只要能对现实作出正确判断，就很有可能赚得盆满钵满。但这个观念对很多人来说还很陌生，因此要真正让它们化为己有，恐怕还远非易事。我本人坚信这一点，我也迫切地希望每个人都能充分认识这一点。因此，我想用一种间接的方式来说明这个道理，希望这样不会让大家感到唐突。

一个全新的概念

史密斯先生是一位非常出色的外科医生，他被公认为所在社区里技艺最精湛的医生。尽管收费高昂，但人们还是慕名向他求医。至于他的经营费用，只是办公室租金和一个女秘书的工资。剩下的收入在扣除全部成本之后（其实也只有他的个人所得税），史密斯先生每年可以净赚 6 万美元。

已经 61 岁的史密斯先生，一直想找个赚快钱的投资机会。但他本人奢侈的生活方式，再加上花钱如流水的两个前妻和现任妻子，让他始终没有攒下多少积蓄。此时，他突然有了一个自以为绝佳的想法。他最亲密的朋友继承了父亲留下的一家大型钢板制造厂。这位朋友以超乎寻常的高价卖掉了工厂 45% 股份，得到一大笔资金。

他这时想到：自己为什么不创办一家医疗公司呢？如果每年有 6 万美元的现金流入做后盾，还有什么可担心的呢？他可以给自己留下 20% 的利润，然后通过出售股权，让所有者拥有这 6 万美元中的另 80%——或者说，拥有 4.8 万美元。那么，要拥有这每年可以带来 4.8 万美元税前收益的权利，其他投资人需要拥有公司的多少股份呢？

他拨通了一位投资银行家的电话。对方告诉他：其他人根本就不需要付出多少钱，就可以得到这一权利，因此他根本就没有必要这么做。他之所以会得到这样的答复，其中的原委你大体也能略见一斑。但正如我所介绍的那样：建立一种循序渐进的投资观念是绝对有必要的，我在后面将会详细介绍这种观念。因此无论如何，我还是要多费一些口舌，和您一起探讨其中的奥妙。这位医生也许会得病，或在意外事故中受伤，因此，完全依赖其非凡技能而得到的收益随时都有可能戛然而止。随着年纪的增长，这种收益能力终止的可能性也会与日俱增。总有一天，这种收入能力会丧失。更遗憾的是，他从未培养过自己的接班人。假如有接班人的话，他至少还可以保证有个助手继续打理自己的公司。在这样一种专业性极高的行当里，好身体就是赚钱的最大保证。与此同时医生本身就是一个很劳累的职业，因此收益能力随时间推移而增加的可能性几乎微乎其微。相比之下，收益能力递减的规律却不可抗拒。我们可以假设：一名医生收入的 15% 来源于出诊费（6 万美元的 20% 减去企业所得税），而把 85% 的主要收益来源寄托在其他投资上，因为他根本就不可能有以前那般勤奋的工作动力。

这样的一人公司如果能出售的话，最多也只能换来他的收入的 2 ~ 3 倍。因此，这样的个人企业风险过高，前景渺茫。现在，我们再回头看看史密斯先生的朋友：那位卖掉钢板制造厂 45% 股份的朋友。实际上，这位钢板厂的老板——我们不妨称之为琼斯先生，根本就没有拿到很好的卖价。所谓的高价钱，只不过因为琼斯这家伙天生就是一个大话王。因为这完全是一项私下交易，别人根本就无从知晓真实的交易情况，而琼斯则一如既往地夸大了卖价。事实上买家鲁滨逊的出价还不到其股票业务收益的 4 倍。

既然如此，他为什么要多付钱呢？从根本上说，钢板制造是一个缺乏吸引力的行业，经营这样一家钢板厂，几乎不需要购买任何值钱的设备，也不需要什么特殊的专有技能。任何人都能轻而易举地进入这个行业，事实上也确实有很多人正在进入。

像琼斯这样的工厂，数量如此之多，规模如此之小，工艺又如此之简单，要在市场上找个买家，往往只能标个低价。这就意味着他们必须接受如此微薄的利润。在这样的环境中，唯一的生存之道就是支付工会所能允许的最低工资，取消所有法律未作出明文规定的雇员待遇，最终让它变成一个廉价随意的小企业，任何一纸合同都有可能让它归为己有。即使琼斯还有什么商誉或是特许使用权的话，鲁滨逊也不可能看不到一点蛛丝马迹。

鲁滨逊的朋友一直警告他，切莫盘下这家企业。因为他只能享有其中少数股权，可企业的实际控制者，却是一个品质低劣的人。即使出现赚大钱的奇迹，也不可能阻止琼斯通过提高自己的工资或支出的会计手段把公司大部分利润敛入囊中。

实际上，年轻的鲁滨逊对这一切了然于胸。他早已知道，琼斯的身体很糟糕。果然，在鲁滨逊熟悉业务之后的两年，琼斯就去世了。鲁滨逊按 5 倍于每股收益的价格，从琼斯继承人的手中收购了公司另外的 55% 股权。由于这部分股份具有控股能力，琼斯的继承人本想提高点价格，但琼斯与他的企业早已经臭名远扬，以至于根本就没有其他人参与竞买。

现在，鲁滨逊采取了一个深思熟虑、谋划已久的举措。他知道，只有某些成分非常复杂的合金钢和某些进口新型钢材才能承受高温高压。但他也知道，未来的导弹与飞机航空制造企业、化工厂、炼油厂以及原子反应堆企业，对这种产品的需求将会越来越大。他还知道由于这些材料的制造工艺非常复杂，在美国，无论是他本人还是其他任何人，都没借此发财的能力。于是他到大学找到了一位才华出众的年轻冶金学家布朗，并向对方承诺：如果对方愿意，他就可以把公司（此时他已经把原来的公司改名为先锋金属公司）未发行的股份转让给他。

鲁滨逊和布朗开办了两家小型的专门制造这些新型金属与合金的制造厂，不过这两家工厂都赔了很多钱。结果他们终于明白，必须搞清楚现有的设备有哪些可以用于生产这些新材料，还要了解如何设计那些尚不存在的所需专用设备。开发工作几乎耗尽了企业的全部资产和举债能力，但不管怎样说，他们最终还是成功了。在随后的时间里，尽管利润有些微薄，但他们获得了越来越多的知识，了解到如何加工这种新型金属，并最终走上了这条几乎让所有人都退避三舍的淘金大道。随着其经验日渐丰富，企业产量也与日俱增，丰厚利润开始随之而来。

终于，他们迎来了事业上的转折点。他们从该地区最大的一家制造厂得到了一笔生意。这笔生意所牵涉的金属材料制造过程极为复杂，对他们这样生产经验还不够丰富的制造厂来说，的确有点困难，但鲁滨逊还是口头承诺在 8 周内交货。

这家大型制造厂需要用这种金属材料为他们最大的客户生产一种大型机械设备，以满足客户应对即将到来的销售旺季。一旦不能按时交货，代价将非常惨重。但在距离承诺的交货时间只有 4 周时，却有工人作出错误判断，这让按期交货几乎化为泡影，更让鲁滨逊走到崩溃边缘。

尽管鲁滨逊并没有与客户书面约定交货时间，但在他看来，自己的每一句话都是一种诺言。虽然资金已捉襟见肘，但他还是厉行节约，加班加点，一点也不敢怠慢。在还剩 4 周的时候，他便开始雇用帮手来协助完成本该在 8 周时间里完成的工作。他一直向客户保证，无论遇到什么困难，只要不能按期完工就要承担责任，而绝不向客户索取分文补偿。当鲁滨逊按承诺时间交货的时候，他估计，除了一大堆仍需偿还的债务外，流动资金也已接近枯竭，他甚至悲观地认为，自己的企业已经走到尽头。

但事情并没有到此画上句号。相反，他因此而走上了光明大道。他的客户是一位大公司的总裁。这位心存感激的总裁邀请鲁滨逊共进晚餐，并在晚餐上真心诚意地告诉鲁滨逊，他这家公司是他们一直在苦苦寻觅的那种值得信赖的供应商。总裁还告诉鲁滨逊，只要他不打算为了这笔生意的亏损索取补偿，这家大型制造公司将以自有资金为鲁滨逊提供贷款，帮助他们公司渡过难关。更重要的是，这件事马上就传遍业界，更让很多潜在客户为之动心。

于是，很多行业的公司都纷至沓来，谁不希望有一家可以信赖的供应商呢？鲁滨逊的订单开始应接不暇。终于，那个曾在艰难地跋涉于价格竞争、利润微薄的琼斯钢板制造厂，已经永久地消逝了。现在的先锋金属公司，不仅具备独到的知识和信誉，更重要的是，任何投资者对这样一个欣欣向荣的公司，都不会缺少投资兴趣和激情。先锋公司的财务状况一直非常稳健，尽管又采购了一大批设备，但偿贷能力丝毫没受影响。

与此同时，和琼斯钢板制造厂所处的时代相比，先锋公司与雇员及客户的关系已变得和谐融洽。即使在公司最拮据时，鲁滨逊也要想方设法，竭尽所能地在资金允许的最大限度内，按期向雇员支付工资。

工人们也很快意识到这一点，便开始投桃报李，于是工厂的生产率也得到明显提高。

之后，当公司的繁荣时期真正到来时，又发生了另一件事。这同样是一件颇具戏剧意味的故事，但和前面那个曾给他带来辉煌的故事相比，却多了一分悲剧的色彩。一名雇员因公乘公司专车外出，就在途中，对面一辆汽车失去控制疾驰而来，两车迎面相撞，结果这名雇员死于车祸。尽管公司并无责任，但毕竟人命关天。此时，虽然鲁滨逊的头脑里几乎已一片空白，但他还是觉得，必须给这位雇员的妻子打一个电话。当时，死者还有三个尚未上学的孩子。尽管鲁滨逊从来没有拖欠过这位员工一分钱，他还是告诉这位遗孀，公司认为有必要为他们的孩子承担一点抚养责任，他准备马上用公司资金建立一个信托基金，资助孩子直到进入大学。

这件事很快在行业间流传开来，成为家喻户晓的佳话。无论是先锋公司的员工，还是公司外的人，一时间都突然意识到，这才是他们梦寐以求的公司。在这里，你随时随地都能得到最人性化的待遇；在这里，当身处困境之时，你永远也不会感到孤立无助。从那时开始，先锋公司的离职率一直低于该地区的平均率。虽然业务扩张得很快，但公司根本就不需要在外部招聘人才，而颇具力度的内部提拔晋升制度，再加上企业高成长率，让任何有能力的员工都不乏升迁的机会。能够进入公司的新人，绝对都是出类拔萃的人才。

对于鲁滨逊在管理上采取的各项举措，这或许是最大的回报。越来越多的雇员开始在本职工作中展现出非凡的管理才干——他们不仅理解鲁滨逊的目标和政策，而且能想其所想，只要能达到这些目标，他们就会义无反顾地支持鲁滨逊。此时的公司管理已不再是一人做主的独裁式管理，相反，一个真正的管理团队正在应运而生。和关键的研发人员一样，未发行的股票期权的吸引力，也让这些管理者把自己和公司命运紧紧地联系在一起。

很多生意人可能会在辉煌的成就面前洋洋自得，止步不前，但鲁滨逊却作出了异于常人的决策。他鼓励公司人员积极探索新领域，充分发挥公司的优势，开创新的市场空间，去发掘大多数竞争对手不敢或不能做的业务。他们发现,有几种只有通过特殊技术才能制造的轴承，完全可以被公司掌握的进口金属材料所替代。他们还发现，在先锋公司中，一些特殊设备设计师拥有足够的知识和创造力来设计生产这种特殊材料的设备。从一开始，就注定了新生产线的必然成功。到了这个时候，人们似乎已经感受到，如果公司能筹集到在附近继续开办几座工厂的资金，在这个飞速发展的新兴特殊轴承领域，他们就完全可以成为当之无愧的国内领军者。但最重要的是，他们必须赶在其他公司掌握先锋公司的技术之前，迅速建立自己的市场优势，并在最短的时间内确立自己的主要供应商地位。

然而，过分依赖借款将会影响经营的稳健性。于是，鲁滨逊决定公开出售股份,以筹集所需资金。在收购琼斯钢板制造厂之后的10年内，他已经把每股净收益提高到了10倍。但现在，他们却步入一个更重要的境地。实事求是地说，也正因为它是如此之重要，我才花费这么大的气力，向您介绍这个虚构的故事（但绝对不仅是虚构）。但这个例子也绝非空穴来风，在先锋公司发展过程中所发生的一些事情，确实就发生在我们的身边，只不过是没有集中在一家公司的身上而已。

鲁滨逊找到一些投资银行家，向他们咨询合理的首次发行价。他发现从投资者角度看，和琼斯钢板制造厂所处时代相比，很多方面已发生了翻天覆地的变化。产生这种变化的主要原因体现在以下三点：

- 现在的企业已经不再是一人管理、没有任何候选人储备的公司。相反，先锋公司已经拥有了一支由众多天才经营者组成的管理团队，他们中的任何一个人，都有能力领导这个公司，继续执行原有战略，乘胜前进。此外，人性化的用人制度，也让这些有才能的人脱颖而出，随时能担当起领导工作。因此，这就可以从每个层面上保证在管理者岗位上能形成良性的新陈代谢，使得任何一个职位都不缺少合格的继任者；

- 利润空间也不像以前那样几近消失殆尽，以至于一点意外就会让公司陷入灾难之中。相反，由于公司已经形成了强大的技术领先优势（源于日积月累和与时俱进的长期经验，而不是某一个惊世秘诀），并且客户对他们这样一个诚信厂商又如此偏爱和信赖——只要价格合理，客户就愿意接受他们的产品，这一切都为他们获得了很高的利润率；
- 公司已建立的生产线是未来强势增长的保证，而现有技术团队在发掘市场机会方面的成功更让他们的前景愈加光明。

出于这些原因，投资顾问告诉鲁滨逊，先锋公司完全可以按 18 倍于现有每股收益的价格，卖出任何数量的股份。和鲁滨逊 10 年或 12 年前买入时的价格相比，市盈率提高了 4 倍。

市盈率上发生的这种变化往往最容易被我们忽视，但这却是最至关重要的一点，正是它才造就了股市上的绝大部分利润。我们不妨用最简单的数学知识分析一下这个因素到底有多重要。可以假设，鲁滨逊以 3 万美元的价格收购琼斯钢板制造厂 100% 的股权。在他准备进行第一次公开筹集时，这些股份的每股收益已经增长了 10 倍，因此，如果市盈率保持不变，他所持有的股份价值就增加为 30 万美元。但由于市盈率又翻了两番，其他人购买这些股份（目前，公司是在一个非常出色的管理团队领导之下）的价格就变成了上述数字的 4 倍——120 万美元。换句话说，12 年的出色管理已经让市盈率今非昔比，此时，再出售自己所持有的股份，就可以为鲁滨逊带来一笔丰厚的利润——90 万美元（但需要扣除该期间全部应纳税的工资，当然，这也是一个不小的数字）。但在市盈率没有发生变化的情况下，12 年的卓越管理只能为他带来 30 万美元的利润。

在某些情况下，股市上的一时变动，也会导致市盈率发生同样令人兴奋的增长，但这种增长非常短暂。如果投资者一窝蜂地看好某个行业的前景，并趋之若鹜地疯狂抢购这些股票，就会把股价推到脱离现实的水平。此外，投资者在某些时候也有可能对所有股票表现出超乎寻常的热情（或冷落）。于是，在一两年的时间里，整个市场的市盈率就会达到居高而危的位置（或是降至令人窒息的低位）。但市盈率的最大变化，或者说，市盈率不受市场其他因素影响而能多年保持同一趋势，仅仅出于一个原因，也是唯一的一个原因——公司基本面的变化。这样的变化，会让股票比以往任何时候都更安全，对投资者更有吸引力。我费尽口舌讲了一大堆关于先锋公司的例子，无非是想告诉你：我所讲述的管理事务，绝不是什么只有理论意义而毫无实际价值的废话。相反，它们在本质上决定了当前收益对投资者的真正价值。

如果是这样的话，在先锋公司的股票比鲁滨逊当初买进时增长 4 000% 之后，聪明的投资者是否还会继续买入呢？假设先锋公司还能履行收益继续增长的承诺，考虑到市盈率的重要作用，如果收益完全有可能继续增长，那么在市盈率大幅上涨之后，富于远见的投资者是否还会继续买进呢？此时选择买进又是否明智呢？要回答这个问题，我们最好还是先看看先锋公司在此后 4 年里的经历（当然，我们没有必要再像以前那样面面俱到了），这也是鲁滨逊的第 2 个 10 年管理期。

专用轴承业务的经营状况一直平稳健康，公司也因此成为业界的领军者。但在这期间，又发生了一些更重要的事情。管理团队又掌握了一项开发新领域的技术。这是一项前沿技术，它不仅能让公司鹤立鸡群，更重要的是，它将为公司创造巨大的业务成长空间。于是公司先后又创办了几家风险投资公司。尽管并非所有公司都一帆风顺，但绝大多数还算尽如人意。由于每家公司的初始投资都不大，而且大多数项目都获得了盈利，这样，几家投资额较大公司的成功就让个别小公司的失败显得微不足道。

为了给这些新兴的创业企业提供资金，公司不得不多次发行股票。但要做到这一点，就必须保证有足够的超额利润，因为只有这样，才能在完成融资之后，使扩容后的流通股保持原有的每股收益，而不出现收益稀释现象。最终的结果是，在首次公开上市融资的 10 年之后，先锋公司的每股收益又增长了 300%。**尽管总收益增加得更多，但从盈利角度看，不管多么大的数字，对股东而言都是毫无意义的，因为决定收益水平的，归根到底还是单位股份收益能力。**

机构投资者买进的作用

与此同时，设想这家公司还发生了其他一些事情。随着公司规模的扩大与业务的多元化，国内众多大型金融机构开始对先锋公司的高速发展表现出浓厚兴趣。迄今为止，事实已经证明：信托投资基金、养老基金，甚至还有一些挑剔而又野心勃勃的股东和银行信托部门，也开始跃跃欲试，准备投资先锋公司的股票。

首先，公司已经发行了足够数量的流通股，从而为这种股票构建起一个完整的市场交易平台，因此，这些机构投资者认为，有了这样一个具有足够流动性的市场，他们就可以进行正常的大额股票交易。另外，先锋公司也有能力随时进入某些一般竞争对手不敢涉足的复杂领域，这样的股票尤其符合于这些机构投资者的口味。

在本书的其他章节里，我还将继续讨论机构投资者对市场的影响。这些机构投资者在买进时，大多集中于很有限的一小部分股票，与那些没有被选择的股票相比，这些买进的股票往往会表现出更高的市盈率。先锋股票已经成为他们当仁不让的选择，其股票的市盈率竟高达 36 倍。

收益增长让先锋股票的股价在 10 年间增长了 2 倍，又因市盈率的提高而再翻一番。简而言之，那些买进先锋公司首次公开上市股票的投资者，10 年内的收益率达到了 600%。假如能以相对较小的风险实现这样的收益，少数嗅觉敏锐的投资者肯定会趋之若鹜——我将在随后深入讨论这个问题。

另外，假如有其他人收购琼斯的部分股份，并与鲁滨逊共同持有公司控制权，那么，其收益能力将比鲁滨逊实际达到的水平逊色得多。如果这样，对于投资者来说，以往 20 ~ 22 年积累起来的 3 万美元原始资本，10 年之前就可以达到 120 万美元，而到了现在，就会变成这个数字的 6 倍，即 720 万美元。在整个投资期内，增值率达到 12 000%。

尽管这只是一个虚构的故事，但这些数字是否被人为夸大了呢？绝对没有。实际上，在这个国家的每个行业中，都活跃着一批出类拔萃的管理者，在他们的手里，几百倍的增长率并不是什么天方夜谭，相比之下，鲁滨逊的成就反而显得微不足道。早在 20 世纪 30 年代初期，两位才华横溢、工程师出身的经营者，在旧金山以南 30 英里的一家小商店里创建了自己的企业。他们就是威廉·休利特（William Hewlett）和大卫·帕卡德（David Packard），世界上最著名的电子实验设备制造商——惠普公司的合伙人。他们从来就没有向外界出售过公司的任何股票（直到最近，为了强化公司所有权的多样化结构，同时也是为了规避不动产税和增强公司资产的流动性，他们才卖掉很少一部分股份），目前，公司股票的市值已经超过 1.5 亿美元。今天，公司的绝大部分股票依然由这两位所有者持有。

巧合的是，他们取得这一成就所经历的时间，几乎与我们“虚构”的先锋公司如出一辙。在惠普公司以北 6 英里左右，就是安派克斯公司（Ampex Corporation，美国著名的电子制造厂商，该公司是美国最早生产磁带录制设备的厂家之一。——译者注）的所在地。20 世纪 40 年代末期，4 个人收购了这家还很不起眼的小公司。即使包括贷款和预收账款，他们的总投资也不过 40 万美元而已。如果这 4 个经营者一直保留这些股份，那么，到我创作本书之时，这些股票的总市值将超过 4 000 万美元！根据安派克斯公司的委托声明书，他们目前的持股比例在 80% 左右，股票市价约 3 200 万美元。至于其他 20% 在股价上涨时卖掉的股份，根本就不足挂齿。通过股权结构的多样化，这些股东又变现了几百万美元。

在旧金山附近的很多小地方，这两个例子绝不是独特的传奇故事。在这里这样的事情司空见惯。最富于创造力、最富有冒险精神的金融家，则是用 1 万美元起家，创办了美国国际整流器公司（International Rectifier）。15 年后的今天，这家位于加利福尼亚州南部的公司，其创建人持有的股票市值已经超过了 300 万美元。

正是这个人最近告诉我：在 4 年多以前，他还曾以同样的资金投资于另一家位于旧金山海湾附近的新办企业，目前，这笔投资的市值已超过 150 万美元。而那家波特兰地区北部的 Tectronic 公司——一家机械及工业制品公司，我们完全可以预见，一旦股票公开上市，公司的股东将大赚一笔。

在本书的其他章节，我们还将讨论一些这样的公司，比如位于芝加哥的 A.C. 尼尔森和位于达拉斯的德州仪器公司。看一下这些公司最新的委托声明书，您肯定会觉得更有说服力。尽管 A.C. 尼尔森公司初建于 20 世纪 20 年代，而且直到当下的经营政策确立的 12 年之后，才让公司最终走上了繁荣之路，目前，公司创始人的持股市值已接近 1 250 万美元。

至于德州仪器公司的发展就更令人瞠目结舌了。该公司的诞生仅比 A.C. 尼尔森晚了几年。无论是最初的 3 位公司创始人，还是后来才加入的第四位高管，都已成为不折不扣的富翁。在这 4 个人当中，有一位股东的股票市值已经接近 8 000 万美元；另外两位股东的股票价值达到 6 000 万美元；最后一位加入者所持有的股票价值也高达 2 500 万美元！

从近几年的情况看，我还可以罗列出很多股价增值能力让先锋公司自叹弗如的事例。但在很多情况下，我对此还是有点心有余悸，因为我毕竟不太熟悉这些企业的背景，因此也不敢妄下断言：这些股票价格的飞涨，是否因为每股收益内在价值出现增长，而收益增长又确实源自企业的管理改进。

在这里，我还是要提一下太平洋海岸的几家公司，一个是业绩辉煌、让人不可思议的利顿工业公司（Litton Industries Inc.，位于加利福尼亚州，公司主要业务是生产和经营机械、工业、电气设备。——译者注）；另一个则是历史略长一点的弗里登计算设备公司（Friden Calculating Machine），30 年代中期，它还只是一个市值几十万美元的小公司（当时，1932—1933 年的股份大拍卖时期刚刚结束），但到了今天，公司的公开市值已达到 8 500 万美元。同样，在西海岸的斯坦森仪器公司（Statham Instrument）和泰龙仪器公司（Electro Instrument），其管理者和主要股东也向我们显示了这种非凡的财富创造力。

暂且放下这些年轻的企业不谈，回顾一下五六十年前创立的一些公司，我们就会发现，这样的事例同样也不胜枚举。无论是曾经的通用汽车公司，还是无足挂齿、一度深陷危机而在绝望中难以自拔的陶氏化学公司，它们都造就了无数百万富翁，共同书写了商业史上的传奇。很多人并不知道，自从美国进入工业化社会以来，曾经有无数这样的企业经过几十年的成长，脱颖而出，成为业内的佼佼者。

还有一个更有趣的现象：很多企业并非发迹于一些对投资者有充分吸引力的行业。像琼斯钢板制造厂一样，很多企业的成功只源于过去的经验与那些他们曾涉足过的相关业务积累起来的优势（如德州仪器的晶体管业务）。而另一些公司，比如一些非常成功的化工企业，很快就会认识到要在自己的行业里取得成功，最重要、最核心的问题，就是要对即将进入与不准备进入的具体业务领域始终保持清醒的头脑与正确的判断（或者说，至少要保证自己的绝大多数决策是正确的）。

如果你坚信我在先锋公司这个例子中所导出的结论低估了商业中的现实，而不是夸张，那么我们不妨再探讨一个更基本的问题。首先，回到我在前面曾提到但却没有解答的一个基本问题。以先锋公司为例，既然在 10 年前就可以找到一个赚取 4 000% 收益的机会，明智的投资者为什么还要按 18 倍市盈率的价格买入股票，然后对区区 600% 的 10 年期收益率（尽管 600% 的回报率也不错）感到心满意足呢？当然，答案就在于这其中所包含的风险。**判断投资好坏的标准，绝不只是在一切顺利的情况下能赚多少钱。相反，最基本的判断标准应该是收益是否匹配于其所承受的风险**。在先锋公司的故事中，问题的关键在于，在市盈率较低的初创阶段，公司能否继续生存下去。在这个阶段，企业不仅需要好运气，还需要决策力。

我们不妨设想一下，如果鲁滨逊在这段最关键的起步阶段身患重病，而手下又没有一个合适的继承人，会是什么情形呢？如果在千里之外，另一个研究机构开发出一种新型金属或合金的生产技术，而这种新型金属或合金的性能又明显超过让先锋公司刚开始扬眉吐气的产品，又会是怎样一番情形呢？假如有一家大企业的总裁，因为对先锋公司的业绩赞赏有加，经常通过预付货款的方式帮助先锋公司渡过资金难关，但就在这位总裁到欧洲旅游的时候，同样对先锋公司羡慕不已的助手，却并未意识到对先锋公司“随时保持关注”是自己义不容辞的责任，而把这笔钱用到了别处，这又会带来什么后果呢？这些事情并非不可能之事，当然，还有其他种种不可预测的事情，它们都有可能给鲁滨逊的投资带来截然不同的结局。

相比之下，在股票按 18 倍市盈率的价格上市时，几乎任何因素都不可能阻止股价继续增长。即使是其他厂商开发出更具竞争力的金属或合金，也不会构成什么威胁。此时，企业已经掌握了生产任何一种新型材料的技术能力，同样重要的是，强大的资金实力可以让任何学习成本都变得微不足道。另外，此时的先锋公司及其新型专用轴承业务已经具备足够的多样化，因此，在成本不菲的业务转换时期，企业的任何一个业务都能保持高度的盈利性。总之，与承担巨大风险所换来的 4 000% 回报率相比，低风险下的 600% 回报率肯定会更有吸引力。

但第三个 10 年期间又会怎样呢？目前的股票市盈率已经达到 36 倍。此时，它已具备了超级投资所具备的全部特质。在这种情况下，正常年份下的市盈率几乎达到了上升的顶点，进一步上涨的空间接近于零。那么，在这种情况下，买进先锋公司的股票是不是有点愚蠢呢？此后，股价增长的唯一源泉将是收益能力的增长。而收益能力增长对市价的影响，与市盈率增长的乘数效应相比，根本就不可能相提并论。

被低估的回报

在本书的前一部分中，我们已经讨论了机构投资股票所具有的投资特点。在这里，重谈这些观点并没有什么实际意义。但还有一点需要指出的是：**卓越的企业管理可以为股东带来两种回报，而不仅仅是经济收益**。在股票达到“机构投资顶点”（先锋公司目前已经达到的阶段）之前，收益往往会出现持续但却不规则的大幅增长，大多数投资者却对此一无所知。这种收益在数额上极为可观，我们将在本部分专门讨论这个问题。此外，卓越的企业管理还将为投资者带来另一种相对更为重要的回报：除了经济周期造成的暂时性盈亏之外，股东收益在每 10 年内都将以超过平均收益率的速度持续增长。

如果先锋公司股票能在正常情况下按 36 倍的市盈率出售，这就意味着，公司的管理是值得称道的，同时公司也进入了稳定成长阶段，因此，收益在未来 10 年内再增加 2 倍应该是水到渠成的事。此外，当公司发展到一定阶段的时候，股价在未来 10 年内未能实现增加 2 倍相应的风险，仅仅相当于 10 年前同等情况下风险的一半。那么，即使在 10 年前实现同等增值的概率比现在大一倍，但和当时所承担的较高风险相比，这种股票目前所具有的投资吸引力，依然毫不逊色（也就是说，收益与未发生该收益的风险之比相对较低）。

任何一个精明的投资者都会得出这样的结论：按照抽样统计原则，如果我得到的有关先锋公司的数据正确无误，那么，无论是在 20 年前、10 年前还是今天，投资先锋公司股票都是一个不错的选择。但对这个泛泛的结论，投资者也许根本就不感兴趣。真正让他们感兴趣的，或许是他们心目中最有吸引力的投资机会、个人所特有的投资需求，以及与其他投资者迥然不同的投资目标。

我个人认为，一个投资者所能动用的全部资源，就是决定投资吸引力大小的最重要的因素。如果他手里只有几千美元，并且再无其他来源，还是采取更现实、更脚踏实地的做法为妙。他应该认识到，对于大多数低风险投资，按照最可能的增长率，手里这几千美元根本就不可能增长到能提高其生活质量的数额。

因此，他首先应决定一件事：是否想把资金变成吸收通货膨胀的缓冲器，抵御未来不期而至的财务危机？如果是这样的话，他就应把购进对象锁定在低风险机构投资型股票中的佼佼者，也就是说，和先锋公司股票一样具有 36 倍市盈率的股票；或者说，他是否认识到，还存在着某些在本质上属于“多余的”且数量可观的其他资产，可以用来抵御这些紧急情况。当投资者还很年轻的时候，最好还是应该确定：在一个朝气蓬勃的行业中，能否找到出类拔萃的企业管理者，当金融界意识到市盈率的大幅增长会让这个一直默默无闻的管理团队创造出可观收益时，这些管理者能否理性应对由此而带来的巨额收益和相关风险。

对于大型投资者，要作出这个选择并不困难。因为他眼下就有足够的资产来改善自己的生活水平。因此，不管现状多么顺利，机遇有多么幸运，只要有可能实施重大投资，他就应该为自己建立一个既能代表 10 年前先锋公司，又能代表今日先锋公司的股票组合。

但根据影响投资的全部变量，比如说投资者的富裕度（多大的损失不至于影响到他的生活质量），以及其对实现财富增长的渴望度（诸如年龄、其为子女创造发展条件的动机等因素），他也许会把少数资金投资于与初期先锋公司类似的股票。在任何情况下，无论个别投资者采取何种投资策略，只要能认识到相关影响因素，他就能作出更明智的投资决策。如果能意识到这样一个最基本但却最容易被忽视的事实——市盈率改变对投资的影响，完全可以等同于收益改变所带来的股票价值变动，那么，他就能更好地对某一特定条件作出评价，进而决定该条件是否符合自己的需要。

这就让我们回到了最初的讨论。令人百思不得其解的是，在华尔街推荐股票时经常被提及的各种典型原因中，最重要的原因居然是最少被提到的："尽管管理者要证明自己有能力塑造一个能为机构投资者认可的成长型企业，但迄今为止，它们的市盈率并未能表明金融界已认可自己的高质量管理。"如果这种说法正确的话，这样的管理机构迟早能解开成功投资的秘诀——**收益的实质性增长，必将体现为价格的实质性增长，价格就是市场对收益增长的基本评价标准。**

但要解开这个意义深远的财富真谛，这种说法不仅需要保证事实的正确性，还必须有坚实的基本理论为依托。我们在本书的其他章节里会指出，在缺少能带来高市盈率的企业管理的前提下，高市盈率仅仅是一个投资陷阱，而绝非投资者的天堂。管理必须是名副其实的出类拔萃，而不是口头上的出类拔萃。正如波士顿信托投资公司的某些高管所言——在评估一只股票之时，企业管理质量占 90% 的权重，行业因素占 9%，其他因素的总权重只有 1%。尽管其本意并不是想做数学计算，却为我们总结出一种方法：通过本章所讨论的内容，可以让我们了解股票价值的真正来源。

第 3 章

PATHS TO WEALTH THROUGH COMMON STOCKS

成功之路，有章可循

在一定的期限内（比如 5 年），不同股票的市场表现之间会存在着巨大差异，只要投资者确信自己得到的建议是恰当的，那么，为此而支付的费用是多是少也就不重要了。

在《怎样选择成长股》出版之后，最出乎意料的副作用在于：它让我认识到过去两年中最让投资者提心吊胆的东西。当时该书一经面世，读者的拜访和电话便纷至沓来，尤其是很多原先不熟悉我的人，更是让我每天都沉浸在书信的大海里。大多数人都提出了各种各样的问题。但最经常被问及的问题大同小异："我一直想找个可以信赖的人，真正能为自己推荐股票的那种人，但我根本就找不到。当然，只要物有所值，我愿意花这笔钱给这样的人。你能告诉我，到哪儿可以找到这样的人吗？"

尽管来自全国各地的朋友总是在向我提出这样的问题，但我的本意并不是想告诉大家：今天的投资业并不能满足投资者的需求。的确，有些人也许是做白日梦，希望能通过这种方式做到无往不胜。在投资世界的某些领域，确实有很多投资者找到了能帮自己理财的能人。但大部分人只能在失望中扼腕叹息，他们似乎根本就不知道，到哪才能找到引领自己走上致富之路的开路先锋。这让我体会到，现在，也许到了我们该对投资领域的基本方法进行彻底变革的时候了。

在这样一本写给投资者的书中，是否应该谈及当前投资行业的主要弊端，以及最终应如何解决这些问题，我一直犹豫不决。但我最终还是下定决心，在这里剖析一下这个问题。如果真如我所想的那样：很大一部分投资者都认为，即使愿意花钱，他们也无从找到自己所渴望的帮助。那么，让他们了解这些问题的根源，很可能是有百利而无一弊的。如果他们能认识到这一点，就能更好地判断出，何种投资服务最符合他们的愿望，那么，这些事情自然更有意义。

还有一点让我更确信不疑的是：在本书其他章节涉及的一些问题，将在整个 20 世纪 60 年代影响投资者。在此期间，也许会发生我所期望发生的诸多变化。相对而言，尽管我相信，这些变化终将成为金融世界的现实，但具体会发生在什么时候，我却不敢妄自断言。

现在的投资行业将继续保持大好形势。这种形势将会让品质低劣的投资顾问在向投资者提供投资建议时毫不负责任——不仅业绩优秀的投资顾问能赚到大把大把的钞票，很多平庸的顾问，也可以年复一年地赚着大钱。只要市场保持繁荣，投资行业就不可能产生变革的动机。市场上总存在着这样一种强烈的趋势：“既然一切如意，为什么还要大动干戈、改头换面呢？纵然可以通过完全不同的方法创造更可观的利润，但也没有必要这样做！”

但这并不等于说，只有漫长的熊市才能带来整个投资行业的巨变。金融界的开路先锋随时都可以发挥他们的睿智与才华，找到引领未来财富之路的新思维和新技术。这意味着，尽管我敢断言投资业的未来发展方向，但我绝不可能知晓 2 年或 12 年后投资业将会走向何处。

要真正理解来龙去脉，我们首先需要清晰地认识到，投资者到底需要什么。实际上，在股票投资者当中，只有极少一部分人（当然是指专业投资人以外的普通投资者）认为，他们基本不需要专业投资顾问提供的中介服务，完全靠自己的能力，就可以打理投资。但大多数人最迫切需要的，无非是找到真正了解股票的人，帮自己推荐物有所值的股票，而这些股票又确实能达到投资顾问所鼓吹的业绩，只有这样，才能真正满足投资者的期望。

令人惊讶的是，即便到了当今这个时代，大多数投资者在这个问题上的认识，依然显得过于理性甚至是过于精明。相当数量的投资者抱有这样不切实际的幻想：投资顾问能告诉他们，哪只股票在本周上涨3点。他们认为，投资顾问的根本作用，就是能准确无误地告诉他们："市场"在下一步将会做何举动。幸运的是，持这种想法的人似乎越来越少。大多数投资者所需要的,就是能全面了解自己所渴望的股票,因此，只要投资顾问能断言这种股票肯定会发放股利，投资者就能真正拿到股利，或是当他们认为某种股票会在一定时间内上涨，股票就会在这段时间内真正上涨，而且上涨幅度不会低于市场的平均水平。

无论是投资顾问、股票经纪人，还是投资者在买入股票时与之打交道的投资银行，从为他人理财的角度看，能通过自己对市场作出正确判断，这才是最基本的东西，也是投资者买进股票时最关心的问题。对于那些投资于信托基金或是银行信托的投资者，同样也是这个道理。此时，**客户最希望这些机构的投资操作人能真正了解和掌握自己的工作，当然，也只有这样，机构投资者所选择的股票才能给客户创造出预期收益。**

业绩之于机构投资操作人本身的重要性，丝毫不亚于它对客户的重要性。在投资行业，确实有一些个性木讷、举止笨拙的人。但假如他能找到业绩出色的股票，而且能在一段时间内一直保持这种业绩的话，这时客户就会一传十、十传百，于是他就会拥有越来越多的客户。不过，一旦客户数量多得超过了他的能力范围，他就力不从心了。当然，在这个世界上，也有很多举止悠然、性情文雅而且又吃苦耐劳的绅士，当他们把生计寄托于为投资者提供建议时，却总是选择错误的股票，结果自然是把自己逼到难以为继的地步。从投资顾问这个职业的角度考虑，在判断一个人的投资成功率时，以往投资建议取得的成功或失败的重要性，无疑要高于其他任何因素。

虽然投资记录对职业投资人与其客户一样重要，但让人感到不可思议的是，居然有如此之多的个人和投资机构，只用很少一点时间来审查和复核自己所推荐的股票到底表现如何，更有很多人正在把一些表现恶劣的股票推荐给自己的客户。至于完善现有方法、寻找最合适的市场投资谋略，以便最大化保证自己的投资建议更具吸引力，他们在这些问题上所花的时间就更少了。无论是职业投资人，还是他所指导的投资，虽然根本目的都是为了选择业绩更出色的股票，但根据不同的方法由市场评判并显现出结果，恐怕至少需要 10 年的时间。当然，结果自不必多说，胜利者最终赚个盆钵满盈，失败者则赔个稀里哗啦。

投资评价的方法

还是不要犯下如此低级的错误为妙。为此，不妨先了解一些多年积累下来的宝贵经验，并借此不断改进我们的投资业绩。在这个问题上,我们首先应该认识到现有投资方法的优缺点。认识一种方法的缺点，不仅能让我们了解到如何规避其副作用，还可以告诉我们如何不断改进这种方法。

30 年前，在判断一只不乏吸引力的股票是否值得投资时，最常见的方法无非是剖析发行人披露的资产负债表和损益表。最终的投资决策也只能依赖于这种财务知识，至于他们对企业性质的认识，恐怕不会多于大街上的任何一个人。按照这种方法去寻找好的投资机会，无异于在寻找自己的终身伴侣时，手里只有对方的姓名或是区区几张照片，而对其他方面一无所知，因此，成功的概率恐怕不会太大。当然，也不排除找到意中人或实现长期有效投资的可能。

但总的来说，假如你对终身伴侣或是股票的诸多基本特性浑然不知，遗憾终生的概率应该更大。对于 1929—1932 年的大熊市，尽管还有其他重要因素的影响，但利润一落千丈这一最具雄辩力的现实告诉我们：完全依赖这种方法去选择股票，最终的命运就是这样的。30 年代初的市场，以近乎残酷的方式让金融界意识到，要真正实现成功的股票投资，还有很多必不可少的工作要做。

大萧条带来的危机和灾难，也让我们的股票投资评估艺术得到改善：一定要充分接触公司的最高管理者，要透彻了解影响公司股票的所有问题。也正是在30年代，才开始真正出现证券分析师这个行业。反过来，这又促使市场分析成为一种重要的投资评价手段。另一方面，企业高管也开始回访金融投资机构，让这些投资机构和职业投资人了解自己和自己所管理的企业。

这些都给投资带来了积极影响。它促使职业投资人主动去了解投资对象的管理层，从而更准确地了解某个具体企业的相对优势和缺陷。“二战”结束之后，人们开始逐渐认识到，仅仅这些还远远不够。只有通过更多的措施，才能避免诸多无效或低效投资，提高选股的成功率。投资人要真正理解自己的工作，还需要做更多的工作。

这就带来了投资技术的第二次飞跃。我一直没有找到合适的术语来形容这种方法，于是，在《怎样选择成长股》一书中，我干脆称之为“流言蜚语”（scuttlebutt）法。它的根本目的就是充分利用外部市场（即通过目前或以往与被研究公司有业务往来的企业，来获取该公司的相关信息）。无论是来自政府机构或大学的客户、零售商、竞争对手以及研究人员，还是公司的前雇员，肯定会对以前曾有过交往的公司比较熟悉，他们应该比其他人更了解这些企业的优势与劣势。

尽管这些知情者提供的信息可能会有所偏颇，甚至有误导，但对任何一个善于进行信息汇总的人来说，通过与信息源的充分接触，他便可以深刻了解每件事情及其来龙去脉，从支离破碎的局部信息中概括事物的全貌，并勾勒出一个完整的图景，从而真正把握企业的精髓，找到自己希望找到的东西。

为什么说这种貌似烦琐、迂回的信息收集方法如此重要呢？因为只有通过这样的方式，与企业无关的外部人士才能充分了解企业的整体状况，并在最终接触被投资企业高管之前，知道自己到底需要掌握哪些信息。你拜访的这些高管也许会知无不言，言无不尽。

当然，说不说就完全取决于他们的意愿了。除非有人向他们提出问题，否则，一个企业的高层管理者怎么会心甘情愿地把自己的弱点公诸于众呢？

比如说，财务主管在接受投资公司咨询顾问询问时，也许会主动披露不为外人所知的内幕：公司决定用一大笔资金挽留几位出色的研究人员，但这笔资金大多被挪作他用，这是因为研究主管和销售副总之间的个人关系非常糟糕，这样，这笔资金大多被用于新产品的研发活动，但这种产品的潜在市场非常有限，根本不可能有利于股东利益——这样的情况有可能发生吗？

当然，任何一个对企业负责的人都不会主动披露这么重要的内部信息。一方面，财务主管自己也不愿意陷入同其他同事间的纠纷；另一方面，即使这位财务主管认为投资人已经知道这一情况，在回答这个问题的时候，也会用委婉的方式作出答复。但至于这一说法是否属实，他很有可能会作出准确的暗示。对于这类重要但又极为敏感的问题，他更可能直言不讳。比如说："公司是否采取了适当的纠正措施？如果是的话，又是怎样的措施呢？"

关键的是不仅需要掌握某些重大投资事件的秘密数据，在接触企业高管前了解市面上的"流言蜚语"，同样也是至关重要的。在确定企业的远期前景时，最重要的，莫过于高层管理团队的整体效率。对大多数具有投资价值的企业而言，管理团队的人数一般在五六个人。如果投资代表对某家公司不感兴趣，不过是想探讨一下投资可能性的时候，就极少有机会见到公司的全部或大多数关键人物。即使有幸见到其中的一两位，这几个人也不太可能是管理团队中的最高权利人。除非已经了解到每个人的"流言蜚语"并为之进行了充分的准备，否则他就不可能仅仅凭借与这一两个人的接触，对整个团队的效率和状况作出准确评价。当我们在诸多投资之间区别卓越与平庸时，一旦在这个问题上作出错误判断，其代价将是非常惨重的。相比之下，如果投资人充分了解这些“流言蜚语”，并通过大量传闻而断定某位企业高管是出类拔萃或是不太称职，他就有可能直接提出拜见这位主管的要求。如果真能做到这一点，投资人也就有了近水楼台先得月的优势：因为他可以让自己的信息得到第一手验证或是否认。

正是出于这些原因，投资人便从拥有第一手信息的当事人手中得到了原始信息，并从中提炼精华，进而以此为契机，接触到企业高管，必然可以获取出人意料的结果。对于一个貌似强大的企业，要真正了解它的劣势，绝对没有比这更好的办法了。当然，要做到这一点，肯定还需要一点时间。但对于一个股价上涨速度快到让整个市场其他企业相形见绌的企业来说，如果企业管理者又能投资于自己所管理的企业，那么不仅企业自身的利润会非常可观，投资者也将受益无穷。

如果真是这样的话，这种依靠“流言蜚语”的方法自然可以一展身手，那么它是否能代表现有经济条件下传统投资的极限呢？我认为，这种方法也有其致命的缺陷。不过，随着时间的推移，其固有缺陷必将为更先进的方法所弥补（但我自己也不知道是何时），这将给投资行业带来一场革命。在我们不断完善这种方法的过程中，寻找合适投资顾问的问题将迎刃而解。

即便如此，这种“流言蜚语”法又究竟有何不妥呢？为什么说，会有更合理的方法取而代之呢？因为它的效率实在是太让人难以忍受了。如果仅靠一个人去搜寻，要真正得到有用的信息，恐怕要一个月的时间。要找到一个知悉这个企业优缺点的人，也绝非易事。很多情况下，要找一个能帮投资人接触内幕人的中间者，抽空解答一下投资人的咨询，同样也不是件容易的事。地域也会带来问题，很多能提供有价值信息的潜在对象，也许和投资人不在同一地区。因此，在出现问题时，跨地区信息间的相互印证，会变得非常困难。此外，距离越远，找到能引见信息源的中间人也就越难，这一点应该不会有什么异议。

更不幸的是，随着当今技术和金融业的飞速发展，很多事件的发生往往是突如其来的，根本就不会给我们多少时间去调查。最常见的情况是，当我们还在忙忙碌碌的时候，其他人早已经意识到投资增值的可能性。此时股票的上涨已经让它失去了最初的吸引力。与此同时，如果投资机构仅依赖于高深的技术开发，投资人很可能会被这些复杂的技术弄得晕头转向，在深奥的技术要求中迷失自我。他也许会发现：自己根本就不具备足够的知识来作出理智的决策。

众多知名工业企业曾经创造出令人眼花缭乱的复杂技术，尽管这并不轻松，但很多技术的成功确实已经为实践所证明。这些技术为我们提高选股技术指明了方向。此时，很多重要的发明和新产品已经不再依赖于某个天才的单打独斗。相反，它们只能来自于一个团队，在这个团队中，每个人各司其职，每个人都拥有各自的学科和背景。在当今的行业体系中，重要的新产品或新工艺，更多的是集体工作的成果，而不是某个人的成就。一个成功的团队可能包括化学家、物理学家、理论数学家、生产工程师以及生物学家或是销售代表。在投资领域，很多不太复杂的技术已经成形，而团队成员之间的这种相互作用、相互借鉴，使团队能充分利用每个人的特有知识，让很多复杂的技术开发不再困难。

但我们不应忘记的是，这种合作并不是轻易就能成为现实的。这些具有不同背景的人可能有着迥然不同的性格。他们之间具有相同观念和目标的情况更是难得一见的巧合。在现实世界里，团队工作绝对不是一件轻而易举就能实现的事。只有在经历了无数尝试和失败之后，这个行业才能通过艰苦的跋涉，造就一个具有凝聚力的领导团体，把有着不同性格和教育背景的团队成员有机地融合为一体，并在实践中铸造辉煌。

现在我们再来探讨一下金融业。今天，很多规模最大、最成功的投资银行家、经纪人或是投资顾问，都需要拥有一大批人才，或者说投资专家，每个人都精通于某个行业或几个行业。这些专业人士基本集中于同一城市，或是同在一个公司总部，或同属于一个办事处。由于各自的专业技能以及对“流言蜚语”的依赖等因素，他们的投资回报也会千差万别。

遗憾的是，在这些“专家”中，仍然还有一些人乐此不疲地在诸多管理层之间穿梭往来，希望能凭借一己之力找到财富之门，而他们所依赖的信息，仅仅是企业主动提供的那一点点。所有的股票推荐人和评论人，无论是高人一等的明星，还是碌碌无为的平庸者，只要停下奔波的脚步，他们的工作就会停滞。他们只能在自己的专业范围内独自摸索，而无法做到相互验证与协作。

只有灵活机敏的管理模式，才会及时借鉴行业研究的成果，在“投资研究”中采用团队工作模式。此时，一种完全不同，但却更富效率的系统便会应运而生。这样，在纽约办公的电气专家就不需要像以前那样，不辞劳苦地每年到“全国各地”转上两圈。相反，可以在纽约安排这样一个人，专门负责纽约州和宾夕法尼亚州的调研工作。他的工作不仅局限于收集该地区电子行业的信息，还需要了解该地区所有被纳入研究范围的电子公司，并收集这些企业的各种信息（其中肯定包括有关各公司优劣势的资料）。

同样，在新英格兰、加利福尼亚州或其他电子制造行业的中心地区，比如芝加哥市、密尔沃基市，以及明尼阿波利斯地区也可以安排这样的专门负责人。如果他们确实很有能力，同时又能做到尽职尽责，那他们就可以在各自的责任区内建立起关系网，认识足够多的朋友、同行和掮客，从而，通过已建立的渠道在最短时间内收集大量的背景数据并形成自己的观点。因此，我们没有任何理由非要把这些成员限制在某个行业内。由于每个成员都不需要跨越所在区域进行联络，这就可以节约大量的时间，使同样数量的人可以在各自区域内实现更大的覆盖范围。

这个系统的优势，不仅体现在它能帮我们在几天内完成原来需要几个月才能完成的任务。借助于它，我们还可以通过与客户、零售商和竞争对手之间的相互比较，替代现有的“流言蜚语”。随着参与者人数的增加，我们就可以克服个人偏见，进而降低选择错误的概率。换句话说，任何人都不可能靠一己之力选择正确的股票。更重要的是，按这种方法，选股成功率会大为增加。在投资行业，只有选股正确才能给投资者带来回报。而其他错误的选择，只能让正确选股带来的利润付之东流。

尽管这种方法在理论上潜力无穷，但要在实践中创造出有价值的成功，显然困难重重。在这个领域，真正高人一等的能人并不多见。要找到足够的能人并组建一个搭配合理的团队，更是难上加难。只有通过不断尝试，才能揭示出可能出现的各种问题和缺陷。例如在一个集体中，如果有某个人独树一帜，他不仅享有其他成员不具有的特权，更受到其他成员的尊重，因此，在其他人没有办法的时候，他的观点往往会左右整个集体的方向。

然而，在这样的体系中，他的个人判断也许还不如现有的方法。这是因为他已经丧失了直接接触被判断对象管理层的渠道。很多这样的企业并不属于他的管辖范围。随着时间的推移，我相信这样的问题会迎刃而解，投资业将会找到新的技术，以今天所无法想象的效率为客户买进、持有和抛出股票提供合理建议。但在寻找这种技术的初始阶段，这个系统不仅在人员支出方面承担巨大的成本压力，还会带来让投资者大失所望的结果。出现这种情况的概率非常之高。

在这一点上，投资业的未来与工业研究的现状极为相似。与以往依赖少数能力高超的投资者进行独立研究的传统方法相比，现代研究机构必将给企业投资人带来高昂的成本压力。此外，简单地把诸多不同领域的专家撮合到一起，未必能带来投资上的收益，也许，这只会带来短期费用的激增。**然而，众多成功企业的历史告诉我们，有了专业性的正确指导，这些高昂的研究费用很可能会成为发动机，为投资**

者创造出以往个别创新者无法带来的巨额投资回报。但从平庸到卓越之间的改变，并不是一蹴而就的。

首先，它需要多个不同专业背景的人，在黑暗中摸索，通过循序渐进的努力，逐渐形成现代化的行业研究技术。同样，投资行业也从今天依靠一个专家单打独斗、游历全国的模式，转化为团队模式，在各自领域内建立起自己的朋友圈、关系网和基本信息源，至于这个转化是否会发生在某一既定时刻，则是我们无法预料的。少数分布在不同地域的人才共同应对同一问题（而不仅仅是在个别工作完成之后再去作无谓的比较），不仅有助于在更短的时间内提出更好的解决方案，还有利于得到比现有方法更多的收获。由此来说，竞争迟早会被现有投资决策方式所取代。我们可以把投资行业的现在与未来和航空运输业的现在与未来相提并论。1962—1964 年几乎尽人皆知的货运喷气式飞机，不仅采购成本异常昂贵，而且每小时的运输成本也高于道格拉斯 DC － 4 飞机。不过，其运输能力同样也高人一等。由于飞行速度更快，这些货机可以在每周内完成更多次往返飞行。因此，它的平均运输成本也将远远低于 DC － 4。

同时，这又可以实现按 DC － 4 结构所无法达到的航空运输吨位。因此，那些资本雄厚、组织复杂、经营喷气式货机的企业，就可以借此创造出更大的发展空间。但按最新方法为客户提供服务，成本非常高昂，因此，只有一些大公司或联合起来的小企业，才拥有参与竞争的入场券。尽管用现有这种浪费资源、不够精妙的方法同样可以实现更高的效率，但却让每个客户都付出了不满意的成本，而且绝不可能会低于 1958—1964 年的航空运输成本。

越来越多的人会发现，有些人确实了解自己所推荐的股票发行公司的内部情况，而且很少会出错，因此，从他们那里得到投资建议也较为简单。在这种情况下，投资者的总数以及他们对股票的投资总额将飞速增长。在美国，无论哪一个领域，我们都可能遇到这样的人：

他们既不能提出真正有效合理的投资建议，也不可能让我们得到其他有价值的观点。

观察投资行业诸多烦琐复杂、大杂烩式的非理性增长方式，可以让我们更好地去认识：在今天，为什么会有这么多投资者难以找到正确合理的投资建议。实际上，在投资领域，各个门类在现实世界中的运行方式与理论中的预期模式相去甚远。在进行这种研究时，我们应始终坚持某些最基本的概念。其中包括：

1. 对于投资业中的每个门类和部分，所有投资者最想得到的，也是唯一想得到的，无非是能帮他们正确地判断出：应该买入哪些股票，应该持有哪些股票，以及应该抛出哪些股票。

2. 在投资领域，任何一个能提出上佳建议的人都将发现，他的业务将不断成长、成长，再成长。反之，如果投资建议在实际操作中的表现始终不尽人意，那么，他的业务量必将不断萎缩。他们总会麻烦不断，于是他们只有竭尽全力地争取新客户，以取代流失的老客户。

3. 要提出满足投资者利益的投资建议，最保险的方式就是对被推荐买入或持有的股票有充分全面的认识，了解它们的每一个基本方面和重要事实。进一步讲，如果这个投资建议确实能让投资者受益，就必须在某些影响企业的有利或不利变化被大多数金融界人士知晓之前，而且必须是在这些变化反映在当期损益表之前，认识到这些重要因素。

毫无疑问，这个以鼓励国民储蓄投资于股票为目标的行业，意义非凡。目前，整个行业可以划分为 4 个主要门类，包括投资银行、股票经纪人、信托投资以及投资顾问。我们将在下文中看到，它们之间的界限非常模糊。但我们还是要剖析一下，在理论和实践中，这 4 个门类究竟怎样满足对客户投资者与投资公司利益最大化来说至关重要的上述 3 个基本概念。

首先分析一下投资顾问。我们至少可以在理论上肯定，这是一个完全符合上述 3 个基本概念的群体。他们的唯一作用，同时也是他们赖以为生的基础，就是以客户投资者的利益为出发点。和投资银行一样，推荐客户购买自己已持有的少数股票，并不是他们的既得利益。同样，买卖股票的数量也不会影响他们的收益，这一点与依赖佣金的股票经纪人一样。为什么还有那么多投资者难以找到满意的投资顾问呢？

事实上，在这个国家的每个角落，都不乏在上述3个基本概念方面做得出类拔萃的投资顾问（有些则被称为专业托管人）。但和其他任何一个群体一样，个人能力上的缺陷往往会导致某些人无法达到这些标准。甚至还有一部分人根本就不该从事这个行业。但我认为，还存在着第三个，而且也是极为重要的一个群体，由于工作方法以及规模方面的原因，他们无法达到行业本身的预期标准，更不用说达到投资者的期望了。很多投资顾问都是规模相对较小的公司。如果分析一下这些公司职员（不包括纯粹的文秘人员）的工作时间，我们就会发现，它可以为我们揭示出很多更深刻的道理。他们每周花在工作上的时间可以划分为4个部分。这些部分，或者说分类，可以表述为：

- 访问现有客户或是潜在客户，通过电话与他们交谈，或是分析客户的具体投资名单；
- 阅读公开披露的公司财务报表、财经期刊或是参加证券分析协会组织的正式会议。在这些情况下，不仅整个金融界得到的信息是一致的，而且这些信息还大多明显有利于提供这些信息的企业。而对企业不利的方面，则会被低调处理，甚至完全避而不谈；
- 通过访谈或电话与公司官员探讨该公司的事务；
- 拜访不属于被研究公司，但却熟悉该公司事务的人，或是和他们进行非正式的谈话，了解对投资至关重要的事务。

很多投资顾问似乎把大量时间都用在了第一类事务上。和第一类相比，他们在第二类事务上花费的时间则一直不断减少，以此类推，用在第三类事务的时间更少，而花在第四类事务上的时间就更有限了。我 30 多年的投资实践一次又一次地证明，只有花在第三类事务和第四类事务上的时间（尤其是在进行企业调查和收购公司时），才能为投资者带来超越市场平均水平的投资回报率。通过把客户持有的股票集中于少数精心挑选的投资对象身上，投资顾问就可以赢得这些公司管理层的青睐和善待，从而在获取公司信息方面处于有利地位。

现在，我们再来看看投资领域最重要的一个类别：股票经纪人和投资银行家。我之所以把两者结合为一体，其原因在于，尽管他们是作为完全不同的实体而出现的，但在今天，几乎没有几家投资银行不提供股票经纪业务（至少在股票领域是这样的，而股票又恰恰是我们所讨论的主题）。虽然有些股票经纪人确实不从事投资银行业务，但只要有利可图，大多数股票经纪人还是会涉足这一领域，或者至少会参与股票销售业务。

如果不熟悉这些术语，最好还是先了解一下它们的定义。投资银行是从事手中现有有价证券交易的交易商，就如同从事自有产品的批发商或零售商。为了筹措资金，一家公司可能需要配售更多的股份，而大股东也有可能想批量处置手中的全部或部分股票。于是，投资银行就可以用现金来承购公司或个人持有的股票，然后再将这些股票投入资本市场进行零售或批发。如果股价上涨，他们就会采取这种做法，从而通过价差赚取额外利润。反之，如果股价下跌，从事中间业务的投资银行就会丧失利润，甚至会赔钱。在任何一种情况下，和其他商家一样，投资银行在抛出手里的股票前都要承担存货价值变动的风险。

相比而言，股票经纪人则是卖家或买家的纯粹代理人，其身份取决于他们所代表的到底是卖家还是买家。他们依赖客户的指令进行买卖股票的交易。他们的工作，就是按照价格最优原则履行客户的指令，为他人从事买卖上市公司公开发行的股票，或是在“店头市场”（OTC）

从事股票交易，即当客户欲买入股票时，在市场上寻找价格最低的卖家进行交易，如果客户想卖出股票，则要寻找报价最高的买家。由于股票经纪人是纯粹的代理人，因此，他既不承担资本成本，也不需要承担投资银行所无法逃避的存货价值风险。至少在理论上可以说，经纪人不必对销售商转售存货给予补偿。

因此，与买卖交易的金额相比，股票经纪人的佣金相对较少。例如，在纽约证券交易所，按每股 50 美元的价格买卖 100 股股票的佣金为 44 美元，这不到交易金额的 0.9%。相比之下，对上市公司发行的股票而言，在批量交易同样金额股票时，投资银行按“价差”收取的费用，则可以达到上述金额的 2.5 ~ 3 倍。对于公司首次发行的股票，投资银行的收费更是可以达到发行额的 5% ~ 15%。当然，在首次发行股票的情况下，投资银行首先需要支付美国证券交易委员会规定的各项高额费用，同时，还要承担这样的风险——发行人因首次发行股票未能达到预期价格，而对发行人进行补偿。

我已经指出，投资者在与投资银行或股票经纪人交易时，存在着理论上的劣势，但这并不包括投资顾问。**投资银行就是一个想方设法抛出其库存的交易商，因此，要指望他们像买方代理人那样，提出公正而出色的投资建议，是不符合逻辑的**。而股票经纪人的收入则来自于股票交易，也就是说，只有通过买卖股票，他们才有钱可赚。因此，他们似乎无时无刻不在承受着买卖股票的压力，而成功投资的核心，却是长期持有具有价值增长潜力的股票，即使不能终身持有，至少也应该是很多年。当股东抛出一种颇具增长潜力的股票，并赚取少许利润的时候，实际上他已经损失了很多钱，相反，假如能持有 25 年，他或许可以得到 3 000% 的回报率。因此，这种短期行为的危害，不啻为愚蠢至极的投资。出于这些原因，我们似乎可以感受到，那些需要建议、帮助或是管理的投资者，至少在理论上会远离投资银行、股票经纪人，或者像我们在实践中经常看到的那样，尽量避免接受一家公司同时提供的股票发行和股票经纪业务。

但这种做法在实践中很难行得通。这是因为，很多公司，尤其是那些大型公司，其固有优势往往能在一定范围内弥补其缺陷。大企业与某一投资银行之间的密切关系，与这些公司和商业银行的关系有异曲同工之处。换句话说，当他们需要更多永久性资本的时候，就可以求助于投资银行，通过销售有价证券来筹集资金——这就如同在需要临时资金时，他们不可能向其他任何银行借款，而只能求助于最了解公司事务的关系银行。

由于很多大公司都和这家或是那家投资银行保持密切而持久的关系，因此，很多大投资银行会对某一类公司了如指掌。他们的合伙人，往往就是这些公司的董事会成员。凭借这样的关系，其更有可能为公司带来有价值的投资建议。同样，很多大型股票经纪人，即使完全不承担投资银行的角色，但仍然保管着大量的客户资金或是某一公司合伙人的大量资金，因此，他们完全有可能掌握相同类型的大量内部信息。此外，很多股票经纪公司还操纵着公司的合伙人或高管。

同时，当投资银行兜售自有商品，或是股票经纪人为赚取佣金而推荐客户进行原本不必要的交易时，不同金融机构表现出不同的态度。至于在同一公司内部的不同个人之间，差异就更大了。在金融领域，依然有很多人虔诚地坚守上述 3 个基本概念。这就是说，只要能为求助于他们的人创造收益，自己的生意就会日渐兴隆。否则，客户就会远离他们而去。

尽管和那些目光短浅的同事一样，他们也迫切期待尽快扩大收益能力，但他们更看重一个建议是否真正有利于客户的切身利益，而不是能否在最短时间内为自己赚取或是盘剥更多的佣金。之所以会这样做，并不是因为他们不为钱所动，而是因为他们有更长远的打算：**要达到成功的顶峰，就必须最大限度地服务于客户。只有时间，才能对他们的工作作出客观评判，进而决定他们的未来，决定他们到底是赔是赚。**

所有这一切都意味着，从投资者的角度看，在目前条件下，要寻找适当的投资中间人，继而把自己的未来依托在他们身上，这个投资中间人到底是投资银行、股票经纪人还是投资顾问，并不是最重要的。事实上，在这些原本分割开的投资活动中，越来越多的跨行业活动日渐盛行，因此，今天的一些大型金融机构已经开始同时经营这 3 项业务。某些投资银行与主流证券交易所一衣带水，他们可以通过现有渠道，从这些最古老的有价证券交易活动中获得大量投资信息，随后，再组建一个具有相当规模的投资分析机构，收集更多的数据，在此基础上，为投资者提供基本的投资数据来源。于是，他们在继续从事其他投资活动的同时，就已经建立起自己的投资咨询顾问服务了。

这种发展趋势完全是符合逻辑的，而且我坚信，它也指出了金融业发展的基本方向。在以往的 30 ～ 40 年期间，股票经纪业务已经发生了翻天覆地的变革。在“一战”之前，富人购买股票大多数是为了投机，也就是说，通过短期持有之后抛出而赚取利润。那时，经纪人在某种意义上可以说只是被动的指令接受者。他们的咨询观念基本上也只局限于传播一些闲言碎语、小道消息和支离破碎的内部消息，从而形成进行相关股票操作的非理性动机。在全面认识企业的基础上提供背景信息，与企业的管理层保持密切关系，以便于从长期增长中获取更可观的利润，还远不属于经纪人的职能，更不是大多数客户对他们的期望。在那段时间里，股票经纪人的真正职能，就是在最短的时间内履行客户指令，保密性和及时性才是他们满足客户需求的基本职业要求。

今天，从某种意义上来说，大多数客户都已成为长期投资者。他们持股的比例一般会达到 1/500，而不是无关紧要的 0.1‰。至于经纪人把指令提交证券交易所坐席的速度到底比其他人慢 30 秒还是快 30 秒，根本就不是他们所关心的。他们需要的是那些真正了解自己职业的人；他们可以依赖这些人的指导，决定何时买进、持有多长时间，或是何时抛出。越来越多的投资者都希望能得到这样的建议，因此，提供投资建议也就成了投资顾问的基本职能。

正因如此，在认识到这种业务性质的变化之后，很多股票经纪人在有意或无意中，开始或多或少地尝试从事投资顾问业务，有些经纪公司在提供此类业务时另外收费，有些经纪公司则干脆提供免费咨询。但无论是哪种情况，它们都无一例外地表明，这些经纪公司已经认识到了某些最基本的东西——也就是说，在当今的竞争条件下，大多数投资者所需要的，是称职的投资顾问服务，而能得到这项业务的，则是那些能更好地提供这种服务的人，而不管他们的名称是什么，哪怕他只是兜售本公司库存股的推销员，也无关紧要。在这里，最重要的问题是股票的选择是否合理，投资顾问是否有能力跟踪这些股票，并深入了解这些股票的市场表现。

在这个问题上，如果不能找到令自己满足的投资顾问（历史表明，发生这种事情的概率并不低），你也许会完全同意我的观点，但你注定会感受到一种彻底的挫折感。你也许会承认，这不仅可以帮助我们认识投资业的未来发展趋势，还有助于我们判断：到底还要多长时间才能解决这些问题。但问题的关键在于，你的切身利益现在就已经受到威胁。毕竟，我们不可能无休止地去等待。你更有可能会说："说了这么多，这根本就没有任何意义，不管投资人把他们称作投资顾问、股票经纪人还是投资银行家，这和他究竟是不是能给我提供投资建议毫无关系。我想知道的，并不是哪些东西不重要，而是哪些真正才是重要的。可这些毫无意义的东西对我来说，到底有什么帮助呢？"

合理选择投资顾问的五个步骤

为了回答这个问题，我想向你介绍以下这 5 个步骤，投资者也许可以通过这 5 个步骤，为自己找到合理的投资建议。但我还是想"绕个圈子”。不过我相信，你马上就会明白我的良苦用心。例如，我们可以通过前 3 个连续步骤，说明选股技术的历史发展经过，并通过步骤 4，说明选股技术的未来发展趋势，从而为投资者提供初步的背景知识，帮助他们更好地掌握怎样独立完成这些步骤。

步骤 1：把所有可能成为投资建议来源的人分为两类。一类通过特定交易实现长期利润，而不是借助于交易赚取手续费、佣金或利润；另一类则是目前盛行的佣金型投资咨询人员，这也是投资公司提供投资建议的主要动机。现在，我们再立即剔除明显不属于前一类的人员。那么，怎样才能剔除这些非长期收益型的投资建议呢？那些识别能力强的人，可以通过初步交谈，并在了解个别交易的方式和原因后，确定出需要剔除的对象。而其他人也许就只能指望通过接触内幕人所得到的结果了，这些内幕人可能是他们所服务的客户，或是通过关系网以及从事投资业务所相识的。

步骤 2：了解投资顾问的基本投资理念，也就是说他准备为你做什么，其投资的业绩如何。要剔除长期目标不同于你的所有候选人。从根本上说，我的《怎样选择成长股》已经总结了我对科学投资的认识，以及我认为大多数股票投资者最需要的东西（尽管未必是投资者所需要的全部），因而，再重复这些内容也就没什么意义。但我还是要再次强调我在那本书中提到的一句话：尽管我认为这是最令人向往的股票盈利方式，但它绝不是以前或是将来的唯一成功之路。重要的并不在于你选择的投资人是否和自己有相同的长期目标以及实现这些目标的方法，而是在于，他是否拥有自己的目标和方法，但最重要的则是，他是否同意你的目标和方法。

步骤 3：详细了解你所选择的投资建议人，或是他们的机构采用什么数据向你提出投资建议。了解他在向你推荐买进股票时，通过什么方式关注那些股票发行公司的内部信息，这些信息不仅包括公司的现状如何，还包括买进以及持有期间发生的一切。看一下他和他的同事如何看待公司的管理因素，而不是在公司已经公开披露财务报表之后，还一味盯着这些报表（它们只是结果，而不是原因）。每个人都知道这样一个事实：当公司的财务报表为整个金融界知晓之前，它往往会成为最大的利润源泉，也是让投资者规避损失最重要的提示。

永远不要忘记：不管是多么普通的投资者，只要能深刻了解自己所投资的公司，而这些事实在此时此刻又不为大多数人所知道，他就完全能让一个技术高超，但对投资对象知之甚少的投资大师感到自惭形秽。这也是我们认为信息源如此重要的根源所在。也因为这样，我们才强调“流言蜚语”的重要性，除非投资人能通过与公司管理层不同寻常的关系，全面了解被投资公司——无论是它的优势还是劣势。毕竟，这种关系的形成需要多年的交情。显而易见，尽管投资人从公司管理层那里得到的事实很可能是千真万确的，但他们无从知晓：是否有一些因素会削弱这些事实的准确性，甚至会颠覆这些原本正确的事情。一个非常成功的投资者最近告诉我，他已经开始拒绝很多所谓的“证券分析师”的来访。他说：“这些人总是从这家公司跑到那家公司，告诉我一些他们根本就不熟悉的公司对他讲了些什么。我感觉，这些支离破碎的信息很可能是非常危险的。”

要重视对投资顾问所提供数据的验证，切莫以量代质。在这里，我想谈谈一年前发生在我公司的一件趣事。一家外地知名股票经纪公司的销售代表找到我并告诉我，他所在的公司雇用了很多证券分析师，他们编写了很多非常有参考价值的研究报告。

我对他直言不讳：假如能提供点有价值的线索，他也就没有必要像现在这样劳而无功地折腾自己。最后他还是坚持要给我留下几家公司的报告，但我只对其中一家公司还算深入地了解过。于是，我就留下了这份报告，还留下了几份由另一位所谓专业人士撰写的分析报告。

但对我所了解的那家公司，他们的报告没有提供任何我认为有参考价值的信息。因为这份报告所提到的，几乎是任何一个人都能了解到的，而且对公司的分析非常肤浅，完全停留于表面。于是，我又挑选了另一份报告，我对这份报告所分析的公司略知一二，而且我又给一位在这家公司工作的朋友打了个电话，他把这份报告交给公司的几位高管。那几位高管无一例外地认同了我朋友的观点：报告所提到的东西，是任何人只要稍加研究就能了解到的，除此以外，一无是处。因此，我决定不再和这些只停留于表面工作的所谓投资从业者有什么瓜葛。

我想，如果这位股票经纪人再打来电话的话，我就应该直言不讳地把自己的想法告诉他。尽管这么做可能有点不太礼貌，但我觉得这也许是最不浪费大家时间的做法。可我不想伤害任何一个热心肠的人，至少在我看来，这位销售代表是诚心诚意的，因此，当他再次给我打来电话的时候，我真有点不知所措。但我还是尽量委婉地表达了自己的想法。

但让我感到意外的是，听了我的话之后，他居然笑得前仰后合。他告诉我，对于这家公司的工作模式，他的想法和我完全一样。他认为，像这样完全靠苦力说服潜在客户，根本就没有任何前途。他已从这家公司辞职，并且在电话里征求我的意见：有没有哪家好的投资公司值得他去申请一个职位。

简而言之，在和你未来的投资顾问谈话时，一定要关注其工作本身的质量，而不是数量。也许你对一家公司的了解还不够全面，以至于无法判断这些投资顾问的报告质量，但也许你会像我这样，在这家公司，你恰巧有个朋友在做这件事情，或者可以为你做这件事情。

步骤4：如果你手里已经有了一些有价证券，那就看看你选定的投资顾问，对于到底应该抛出还是继续持有，他们是否和你有同样的观点。任何人都不可能完全掌握股市中海量的背景数据，因此，他也不可能熟知各证券交易所或场外交易的所有上市股票。

因此，对于以前没有按他们的建议买入的股票，一个诚实的投资顾问肯定会遇到很多难题。他也许能凭运气为客户推荐一些业绩出色、声誉显赫的股票，但他本人对此可能知之有限。他也许会对客户直言不讳：只能负责自己真正了解的投资。至于客户是否想把连他们都不太熟知的股票（也许确实是一个超乎寻常的投资）转换为其他股票（而后者尽管不一定表现更佳，但至少投资顾问对它们进行过理性的观察），这完全取决于客户自己的判断。

如果一个投资顾问敢于直言自己对某些方面不太熟悉，那么，他往往是其他某些方面的专家。在投资咨询领域，万事通通常是非常危险的。同样，永远不要指望投资顾问能为你的每只股票投资都给出合理建议。想一想，当你打算购买某家公司的股票而需要一个合理的买入建议时，要多少信息才能保证这个建议准确无误呢？细细体会一番，其中的原因也就不言自明了。

步骤 5：了解一下你所中意的投资顾问过去的历史业绩。剔除那些在被研究期间的表现始终低于市场平均水平的投资顾问。在这个问题上，我们一定要牢记：某些最成功出色的股票投资顾问，在向市场证明自己的价值之前，往往需要经历几年的时间。因此，不管怎样，都应该考虑 3 年以上的业绩记录。此外，除非你非常了解自己的投资顾问候选人，否则，绝对不要让他提供参考意见。当然，他为某些客户提供的服务质量也许要好于另一些客户。

唯一的解释就是，他们在不同客户面前所表现出的态度是不同的。但如果能找到一个多年接受其服务的人，他告诉你的事情就会非常有说服力。因此，即使业绩记录不够出色，但投资顾问及其所在公司都给你留下了深刻的印象，那就有必要作更深入的研究。在某些情况下，一个投资顾问的业绩可能会很糟糕，但这主要是因为客户没有完全遵循他们的投资建议。

因此，有些投资者也承认，在利益的驱使下，微利往往会让他们做出短视之举。此时，他们会置任何建议于不顾，为赚取眼前微不足道的利润而迫不及待地抛出股票，因而也就放弃了原本可达到的 3 ~ 4

倍的增值机会。因此，投资者就不可能通过收益来弥补任何股票投资顾问都不可避免的损失。在这种情况下，客户如果要把违背投资建议而造成的损失归咎于投资顾问，显然非常荒谬。

那么，了解某一个经纪商、销售商或是相关公司的历史业绩，是否更重要呢？此则取决于具体情况。有些投资公司一直对下属员工的投资建议进行严格控制。我相信，随着时间的推移，将会有越来越多的公司采取这种政策。

相比而言，另一些公司则以宽容大度为荣，他们让员工充分共享这些信息，一旦掌握了这些信息，员工就可以随心所欲地各行其是。前者的关键因素在于公司业绩的历史纪录，后者起决定作用的，则是个别投资顾问的历史业绩纪录。但在大多数情况下，如果你直截了当地提出这个问题的话，我认为，同样直截了当的回答就是：要看公司的政策。

尽管我把“回顾业绩纪录”列为选择投资顾问的第五个，同时也是最后一个步骤，但我也许该把它列为第一个步骤更妥当。之所以没有这样做，是因为我想特别强调一下：**务必要尽早剔除那些目光短浅的投资顾问，因为他们所关心的，无非是尽快从你手里挣到佣金，而不是依据他们的建议实现更可观的长期回报**。但在选择称职的投资顾问时，首先从朋友那里了解哪个投资顾问或是哪家公司的服务质量更佳，这样的做法既符合逻辑又非常重要。在这种调查中脱颖而出的人，肯定是值得我们进一步考虑的合适候选人。如果从这个角度出发，我所说的第五个步骤也许应该成为第一个步骤。

对于那些无助者，在我们提出的建议中，还有一个更值得关注的问题。在诸多顶级投资顾问公司、股票经纪公司和投资银行中，许多候选人都能凭借大量成功纪录在你的候选者中鹤立鸡群。可我认为，你还是应该把关注放在那些规模较大的投资顾问公司、股票经纪公司和投资银行。因为这些机构更有可能在大公司董事会中占有一席之地，更有可能掌握使投资者获取超量信息的渠道。那么,是否那些人员不多、规模不大的小公司在投资业中就没有立足之地了呢?

我个人对此相当敏感。因为我始终认为，美国保护小企业免受大企业压制的政策是非常重要的，无论何时，这种政策的社会与经济成本都不会高到难以承受。在实践中，我一直严格遵循这一原则，而不只是停留在理论层次。比如说，我经常到小型的非连锁商店去购物，因为这些小商店不仅了解我的个人偏好，还能随时提供我需要的服务，我反而很少到大连锁店或是百货公司用相同的价钱买同样的东西。很多年前，还在读大学之时，我就在业余时间向很小的独立商店批发水果来挣点学费。在经济上较为贫困的地区，以干净整洁的低价格连锁店取代肮脏不堪的高价小卖店,这绝对不是什么彻头彻尾的罪恶。总而言之，我认为，小企业是否一定要为大企业所吞噬，应视具体情况具体分析。

至于股票经纪人或投资顾问等，我认为最重要也是最根本的问题无非在于：什么样的机制能以最小的风险为投资者或客户带来最大利润？当个人资产因这些人的不称职或是对投资缺乏了解而受到损失，甚至是化为乌有之时，会产生非常严重的社会问题和个人问题，其他任何标准与此相比都显得微不足道。在目前的条件下，大型投资公司有能力通过更多的专业人士进行投资调研和跟踪，还能和企业高层进行更多的沟通，如果组织适当的话，大型投资公司当然能拥有微弱的竞争优势。可我认为，在投资中不同机构之间在技能和效率上的差异非常之大，而大型机构的现有优势又如此之小，这样，很多小型股票经纪公司和投资顾问公司的业绩甚至会超过某些大型竞争对手。

随着股票评估技术的发展进入更高的层次，股票分析的成本和效率也达到了异乎寻常的高水平，管理高超的大型公司凭借其优势，理所当然地在竞争中遥遥领先。在其他很多行业，规模经济使并购成为不可避免的趋势，投资业也不例外，越来越多的并购正在出现于投资业的各个阶段。但即便此时，小企业也没有任何理由一定要退出竞争——只要还能在其他领域为投资者选择正确的方向，再加上正确的投资判断，它们就有存在的理由。

因此，像今天一样，没有任何原因能阻止这些小企业选择一家异地的大型组织，与之建立用户关系或其他关系。同样，也没有任何理由能阻止诸多分散在不同地域的小型独立金融机构，通过合作为客户提供高质量的服务。在股票的选择中，一个最基本的事实（两个随后被事实证明并让其他很多锦囊妙计显得黯然失色的建议），是制约大型投资机构在通常情况下所拥有优势的另一个因素。

和小投资公司不同的是，那些即将在 60 年代麻烦缠身的机构，基本都会因过于“忙碌”而无暇调查自己推荐的股票。我们经常会听到这样的说法 ：“除了请教公司高管之外，我们根本就没时间对公司实施深入调查。”在整个 50 年代处于普遍涨势的市场中，这样的方法足以应付过关。但和 50 年代大多数股票趋于一致的涨势相比，进入 60 年代之后，要得到同样的投资业绩，肯定需要更加尽忠职守，还需要更富有技巧的投资方法。因此，无论是投资顾问公司，还是投资银行，如果因为过于“忙碌”而无暇顾及服务投资者所必需的工作，他们一定会发现，60 年代，他们的处境将会如同年复一年种着同样的庄稼却因过于“忙碌”而没有时间施肥的农民一样。

你也许注意到，这些观点似乎有些疏漏。如前所述，目前的投资服务业可以划分为 4 个门类，而每个门类都在想方设法地满足投资者的不同需求。我们已经讨论了投资顾问、股票经纪人和投资银行工作人员，但到此为止，对整个 50 年代增势最为强劲的领域，我们还只字未提，这就是信托投资。

其实我是有意把这个门类留到最后讨论的。因为我相信，它们在投资领域的影响无论是提高还是下降，更多地还是取决于其他投资门类的业绩标准会提高到什么水平，这样，才能更好地满足投资者需求，而不是信托投资自身的行动。

正如我在本书另一章中所言，由于过分强调投资多样性，大多数信托投资的收益水平都会严重偏离市场平均收益率。50 年代，在投资者常常因投资渠道狭窄而感到茫然若失的情况下，具有超额预期收益的多样化投资建议自然不乏吸引力。

60 年代，假如投资者还不知道到哪去寻找熟知自己所推荐股票的投资顾问，那么，即使信托投资只能带来“平均收益率”，其魅力也依然分毫不减。另一方面，当其他门类为提高投资服务质量而不断开发新技术时，如果在增加多样性的同时，却不能提高收益能力，信托投资的吸引力自然会大打折扣。总之，我相信，信托投资的巨大发展，在一定意义上反映出投资者对其他领域的投资服务缺乏信心。一旦这种心理发生改变，信托投资市场将大受影响。

在过去 10 年里，信托投资之所以能有非常可观的增长，还有另外一个原因。增长的很大一部分来自共同基金。共同基金通常要在信托基金清算价值的基础上，向买方收取足够的“价差”，因此，他们就可以向销售方支付高额佣金。在这种情况下，这些销售商为赚取佣金就不会在乎基金股份数量有多少。共同基金销售商通过向普通民众推销股票而获利，在这方面，他们的水平绝对是第一流的。在人寿保险行业成功历史的启发下，信托投资基金的销售商已经成为有史以来最重要的股票购买者。和以前的人寿保险推销员一样，他们也通过这种方式获得了无数业务。

不过，投资业务的其他分支却一直未能利用这种销售技巧。投资银行的销售商（或是凭借“出价”和“要价”之间价差而赚取高额销售佣金的场外交易证券公司）在这方面却大显身手。按照他们的交易模式，根本就不可能接手每笔金额低于几千美元的交易。通常，他们并不具备为客户提供分期付款的交易工具。相比之下，股票经纪人却可以通过纽约证券交易所的月付款计划，为普通投资者提供一个以月收入来购买股票的途径。就像我们所讨论的那样，普通的股票经纪人佣金占投资额的比例非常之小，因此，根本就不存在足够的利润空间，能让股票经纪人像信托投资基金销售代表那样，向小额投资者推销股票。大多数投资顾问的年收费仅为本金的0.5%左右。很多投资顾问认为，如果能挣到钱，单个账户的最低限额就必须达到1亿美元。因此，他们同样也没有大规模涉足大众市场。

那么佣金和顾问费为什么会这么低呢？我认为，最主要的原因在于投资顾问给投资者带来的收益太糟糕，以至于投资者根本就不情愿花更多的钱。尽管我自己的经历并不具有代表性，因为我本人从未接待过普通投资者，但我还是发现，一旦投资者相信，自己已走向通往成功彼岸的征程，他们就会心甘情愿地支付更多的费用。为什么呢？如果个人或组织在连续几年内实现的回报率都能比公认的市场平均收益率高出50%、100%或是150%，即便费用水平若干倍于现在的顾问费或佣金，与收益相比仍显得微不足道，投资者怎么会拒绝呢？**我认为，随着时间的推移，金融机构只有拿出更多的现金，才能获得正确操作股票所需要的基础数据**。至于他们的工作质量，则需要更多的改进。如果说这个观点正确无误，那么，这些金融机构收取更高的费用，似乎完全合乎情理。如今，某些主流投资银行和股票经纪商在正常佣金之外还收取额外投资顾问费，这种趋势将日益显现，愈演愈烈。

假如有出色的服务质量支持他们的高收费，我认为，这种趋势必将有利于各方面的利益。随着这种趋势的演进，收费水平也将逐步提高，利益动机迟早会促使销售商走出家门，凭借其优质服务向大众投资者兜售服务，不管这些投资者的投资多么小，只要有利可图就可以。如果出现了这种情况，并且普通大众已经逐渐意识到投资服务的真正价值的话，就有可能在信托投资基金最擅长的领域内带来激烈的竞争——但在服务本身还不足以得到投资者普遍认可之前，这种情况还不太可能发生。这也有可能会带来整个证券行业的巨大增长。与此同时，对股票的整体需求也将因此而增加。

有些投资者可能觉得我对未来谈得太多，而他们关心的，只是自己的眼前收益，但我还是想告诉他们，不管怎么说，有一件事也许能给他们带来一点启示：在一定的期限内（比如说 5 年），不同股票的市场表现之间会存在巨大差异，因此，只要投资者确信自己得到的建议是恰当的，那么，为此而支付费用是多是少也就不重要了。要说明这一点，只不过用一个简单的数学游戏而已。那么投资者怎样才能确定工作质量到底如何呢？为阐述这个问题，我总结了挑选投资顾问的 5 个步骤。

除此之外，我只能说在当今高度专业化的世界里，成功，甚至可以说是生存的前提之一，就是在我们自己并不擅长的领域里找到真正的专家。当我们所爱的人身患重病时，任何事情都不能比一个好医生更重要。那么，对于这些不了解医学的人，应该怎样去选择好医生呢？或者说，一个外行人应该怎样为自己选择合适的律师、建筑师或是管道工呢？在这方面，我担心某些人在制定关键性决策时，可能会缺乏足够的细心或不够精明。有些人可能会在匆忙之间求助于身边的所谓专业人士，然后又会顿足感叹：自己的运气为什么总是不如邻居呢？

我经常会听到这样的说法，因此，某些人对这些想法作出的反应，我是最清楚不过了。当然你也许会说：我随时准备为一流的投资服务支付一流的费用。按照这个说法，我也可以轻而易举地拿到高额收入。但对众多投资专业人士来说，我根本就没有时间对他们在选股方面的准确性进行调查。

事实上，在当今的投资世界里（几年之后的情况也许会大相径庭），支付高额费用甚至是投资顾问费，并不能保障投资服务的质量。实践经历促使我认为，对投资服务的收费和它所带来的长期回报，两者在很多方面几乎没有任何相关性。但对那些尚未找到令人满意的投资中介机构的人，以及那些声称没有时间认真寻找投资中介机构的人来说，我想说的是，在这个世界上，真正对我们重要的事情绝对是少之又少。

如果你怀疑这句话的重要性，不妨体会一下这样一个简单的试验：在你面前放一张公司名单，然后用字母标出在纽约证券交易所上市的股票。要列出这样一个名单，最简单的方法，就是比较一些大城市的报纸，一般都能在上面找到最新的股票交易报价。然后就像玩“老鹰抓小鸡”游戏那样，闭上眼睛，用铅笔在纸上的任何位置标上记号，一定要采用完全随机的方法进行选择。之后，剔除被选中的所有优先股，从该点开始，按字母顺序选择 20 只股票。

在考虑到股利或股票分割等因素之后（如果你自己觉得不太容易的话，大多数股票经纪人可以帮你计算），比较一下这 20 只股票 5 年前的卖价和目前的卖价。然后，你会发现，各只股票在每个年度的价差也许会让你瞠目结舌。有些股票的价格大约只有 5 年前的一半，而大多数股票的价格涨跌幅度也都在 40% 左右。但个别股票也许可以增加到原先的 2 倍或 3 倍，1 ~ 2 只股票的上涨幅度甚至可以达到或超过 1 000%。从另一个方面，我们也可以看到，不同股票之间的变动幅度居然如此之大：1959 年的道琼斯股票平均指数几乎相当于 1946 年的 3 倍，而 1946 年在纽约证券交易所上市的全部股票中，1/3 的股票在 1959 年的价格均低于当时价格。

总之，股票在 5 ~ 10 年期限内的涨跌幅度，要远远超过市场整体的变动幅度，具体情况则取决于你是买入还是抛出。如果自己没有适当时间打理股票投资，或是无法找到其他可以做这件事的人，在这种情况下，是否每个人都有能力持有股票呢？如果投资者过于“忙碌”而无暇了解最基本的投资原理和投资业务，可这对投资成功确实又至关重要的话，应该如何评估时间的价值呢？只有这样，一个眼下还没有投资顾问的投资者，才会主动去寻找适合自己的投资中介。随着时间的推移，获得一流投资建议也许要比现在容易得多，但这绝不是我们不去充分利用现有资源的理由。

第 4 章

PATHS TO WEALTH THROUGH COMMON STOCKS

一叶障目，泰山依旧

我们可以把企业的大型兼并比作外科手术。在手术之后，如果一切顺利，患者的身体状况或许可以大为改观，但如果不顺利的话，也许会让患者的病情雪上加霜。

归根结底，即使最成功的股票投资在本质上都包括也反包括三个部分。它们分别是：

- 选择一只或多只未来增长潜势超越市场大盘的股票；
- 知道应该买入的适当时间；
- 知道应该卖出的时间。

但要准确地做到这些，就要求我们掌握潜在投资公司的大量基本信息。此外，它还要求投资者了解我在本书另一章里所提到的：投资者对该股票的目前态度。如果投资者或是投资顾问不知道自己需要什么，也没有时间去寻找自己所需要的东西，那么，他们就很难真正掌握这些重要的基本信息。

即使这样也远远不够，对投资者来说，很多现实因素就摆在他们面前，但它们的价值并不像我们想象的那么重要。我认为把过多的时间和精力花费在这些因素上是没有好处的，根本原因在于，这往往会让我们的注意力偏离那些对投资而言更重要的因素。在这个问题上，大多数投资者内心都抱有混淆和迷茫的情绪。在这一章里，我想探讨一些对投资而言颇为重要的问题，因为这些问题也是最让投资者感到含混不清的。其中最重要的一个问题，就是企业合并在投资中的重要性。

资本运作的迷惑

我已再三强调过，要想长期获得可观的收益，最好的办法，莫过于投资于那些增长势头强劲的企业，它们的收益增长率要远远超过整体市场。但还有一点需要指出，公司销售额的稳定增长，同样也是保证投资收益增长的基本条件之一。但它并不是唯一的基本条件，因为即使销售额增长，每股收益也不一定增长，对投资者而言，这毫无意义。

即使没有销售额的快速增长，只要管理层能找到显著提高经营效率的途径，同样也能导致利润出现暂时的强势上涨，让投资者获得短期超额收益。但通过这种方式实现的短期收益，往往会在较短时间内达到极限。所以，如果投资者要通过每股收益的长期增长来累积财富的话，稳定增长的销售额绝对是必需的。因此，销售额强劲而稳定的增长，通常就是保证投资吸引力的首要指标。

对任何企业来说，没有什么措施比直接收购其他经营实体能更快地推动销售增长。此外，这些收购往往会向市场发送这样的信号——这些成长型企业的合并将实现各自运营成本的最小化（进而增加企业的利润）。当然，这些信号在某些情况下的确会成为事实。实现这种预期的可能方式之一（尽管可能性不一定非常高）就是收购方的最高管理层在无须承担额外责任的情况下，对被收购方进行有效管理，这样，就有可能降低相关机构的管理成本，从而扩大盈利空间。另一个仅在理论上存在可能性，但在实践中很少出现的可能方式就是制造成本的降低：生产实体的合并可能会进一步降低生产成本，进而降低管理费用。但在更多的情况下，合并带来的最有价值的节约，却是通过销售成本和配送成本的规模经济而实现的。

这无疑是无数企业翘首企盼的。小企业经常会发现，尽管产量不大，但为了尽可能快地占领市场，他们不得不支撑一个并不小的销售机构。如果一家大公司已在向某个客户销售产品，那么，在相同渠道向这些客户推销其他产品时，几乎不需要增加任何额外的成本。当然，大公司在向不同的客户推销产品时，不太可能实现这种预期的成本节约。

并购创造价值的另一种方式，并不是体现在管理费用、生产成本和销售费用等成本的直接节约上，而是表现为企业运营效率的提高：用高效管理来改进整个企业。在几年的时间之内，收购方往往可以通过多种渠道，提高被收购企业的盈利能力，最终，不断增长的整体利润，必将为初始投资带来可观收益。有时候，被收购企业的销售额也会出现显著增长。在一些最成功的案例中，往往在收购之前，收购方的研究或工程部门就已找到合理方式，对被收购企业的一项或多项主要产品实施彻底改造，从而大幅度扩展产品的市场空间。

在某些情况下，成本节约则明显源于单纯的财务效益提高。比如，大型企业一般都具有较高的信用等级，他们可以轻而易举地以 4% 的利率获得贷款。但他们收购的企业也许因深陷困境而信用较低，在贷款时，不得不接受 6% 的利率。因此，通过并购可以使得借新债还旧债的操作立即被实施，从而使小公司承受的利息费用降低 2%。

既然并购有这么多优点（当然还有其他种种优势），那么，并购的现状为什么一直未能超过前几年的火爆局面呢？那些一流的管理者，难道不该用更多的时间去寻找新的并购机会吗？投资者难道不应该想尽办法，去寻找通过并购来实现持续增长的企业吗？

用橄榄球赛作个类比也许可以更好地说明这个问题。成功的长传可以让进攻方的推进距离远远超过持球突破推进的距离。但如果一支球队严重依赖长传进攻来实现推进，一旦失败，被拦截的危险（这意味着要倒退很多码）也要远远超过持球突破可能带来的损失。

并购在这一点上非常像长传进攻。如果能成功实施的话，并购就可以让企业实现超乎寻常的飞速发展，取得令人炫目的成功。但并购本身蕴含着内在风险，从而让收益大打折扣。更重要的是，并购还可能削弱一个企业未来的发展潜力，从而变成不再富有吸引力的长期投资。

当然，长传进攻还有一个固有的制约因素：一旦球被拦截，长传进攻就会导致丢球方大幅倒退。相比之下，如果企业只是偶尔收购一家规模小于自己的公司，一旦收购结果不甚理想，带来的损失还不至于削弱投资的吸引力。但任何事情都具有两面性，这种小规模收购即使成功，它对规模较大的收购方也不太可能产生明显的促进作用。

为什么说并购具有如此高的风险呢？在绝大多数情况下，已经经营企业多年的卖方，总比买方更了解自己的优劣势。在谈到刚刚完成的一次大规模收购时，一位著名的企业总裁曾告诉我："只有把一个女孩娶到家之后，才知道对方是否镶着假牙，装着木腿。"在这种情况下，假牙和木腿无非是指被收购方不尽人意的状况：厂房设备远比收购方想象的更糟糕。更危险的是，无论是管理层的士气，还是他们的才干，收购方几乎都一无所知。但只有凭借企业卓越不凡的能力，才能最终克服这些困难，并随之为股东带来长期利润。

然而大多数合并的固有问题依旧存在。在随后几年里，如果这个不同寻常的管理层另有所图，把才华用在他处，让最终结果远比预料的更糟糕，那么他们岂不会让股东遭受更大的损失？尽管我也不知道这个问题的答案，但我知道一个缺乏能力和决心的管理层，很有可能仅仅因为合并就把一个原本充满希望的投资（即便现在也不乏魅力）变得一无是处。

然而，某种特定类型的并购蕴含着更大的危险。危险之一就是合并很可能会带来人员冲突问题。当合并发生在两个规模相当的企业之间时，各自的高层之间可能会出现极其激烈的竞争，每一方都希望保住自己以前的职位，比如说审计主管、销售副总裁及研究总监等。现实却是一个职位只能由一个人来承担。因此这不仅不能造就一个真正的团队，反而会引发一场血腥"内战"，催生出刻骨铭心的妒忌和赤裸裸的"陷害"，效率在无休止的争执和"仇杀"中荡然无存。一旦出现这种情况，即便是最出色的企业，其投资价值也会变得一文不值。

当合并一方明显处于主导地位的情况下，除非付出超乎寻常的心血，采取细致入微的高超手段，否则，人员问题依然有可能导致被收购方对收购方所具有的价值贬值，远非人们预期的那么美妙。企业高管的能力也许毋庸置疑，而且已经让被收购企业受益匪浅，极大提高了被收购方的价值，经过长期的实践锻炼，他们不仅提高了自身的技能，也能和企业相得益彰，更能和企业的最高管理层相辅相成。

但仅在一夜之间，企业的权力中心就转移到另一个自己全然不知的人手里，紧张与不安的感觉肯定会油然而生。如果没有适当和巧妙的措施，这很可能意味着，企业将失去很多无法替代的最有价值的人才。即使采取有针对性的措施，收购初期的不安定感仍然会出现，这又会导致运营效率的下降。

我们也许可以把企业的大型兼并比作外科手术。在手术之后，如果一切顺利，患者的身体状况或许可以大为改观，但如果不顺利的话，也许会让患者的病情雪上加霜。但不管能否达到长期目标，在兼并之后的短时间内，大型兼并就像大手术一样，肯定会暂时削弱参与并购的企业，合并带来的正面效果是不可能立竿见影的。如果兼并打破了原先管理方式的均衡，内部冲突的滋生则日益频繁，这就很有可能会伤害收购双方的元气，造成不可弥补的永久性损伤。

每次兼并都有其不同的特征。这一点尤其体现在兼并成功后所带来的收益上。同样，这种差异还体现于投资者在兼并失败后所承担的风险水平。那么，是否存在一般性的原则或标准，让投资者用来评判这些影响未来投资的因素呢？我相信，这样的规则或标准是存在的，我们不妨归结为如下几条：

1. 对投资者来说，并购的危险主要来自 3 个方面。在收购过程中，企业管理者与投资者需要随时牢记这些危险。这些危险源可以归纳为：

- 在合并后的组织中，高层位置（审计主管、销售副总裁以及研究总监等等）的争夺可能会非常激烈，让大多数关键人员心烦意乱，这让以前运作顺畅的管理团队退化成内战和冲突迭起的一盘散沙；

- 最高管理层不得不亲身参与很多原本并不熟悉的事务，这让他们很难像以往一样高效地运营企业；
- 由于卖方肯定比买方更了解自己的企业，俗话说，买的不如卖的精，因此，如果按收购价格衡量的话，收购方买到的企业也许并不值那么多钱，甚至还存在着很多他们所不知道的缺点。

2. 以后向一体化为目标的并购，很少会让投资者承受高度的风险。通过合并，企业可以在零配件供应上建立更大的优势，从而更轻松地获得原材料、零部件或是其他供应品。这种优势体现在，收购方可以放弃外购而按更低的成本自制这些供应品。

另外，使用方可以通过有针对性的自律，提升供应品质量。在任何情况下，我们都可以对这些措施的未来收益作出精确估计。更重要的是，就其本性而言，这些举措并不会打开"规则 1"所述的 3 种风险的"潘多拉魔盒"。由于被收购方人员都能在兼并后的组织中找到属于自己的一席之地，既然和收购企业的大多数岗位之间不存在冲突，收购方人员也不会失去其自身地位，因此，兼并后的组织很少会出现内部纷争。

此外，由于收购方高管可能非常熟悉兼并事务，因此，他们很少会遇到难以解决的新问题。同样，由于高层管理者熟悉业务，这样他们也不会在采购价上受到外部交易的过度影响。另一方面，尽管收购对收购方确实物有所值，但对收购方股东有可能不会产生什么特别重大的收益。因此，无论从哪个方面看，这些收购都没有什么意义。

3. 从股东角度看，除了一种特殊情况外，对于以收购方获取现有客户渠道为目的的后向整合，我们可以采用“规则 2”中适于后向整合的标准对其进行判断。而这个例外就是：管理层在选择收购对象时，作出了错误的判断——收购方与被收购方其他客户之间存在着竞争，同时，他们又未能考虑到被以前的客户即目前的竞争对手所夺走的销售额。这样的措施往往会让他们付出巨大代价。但公正地说，这种情况不仅仅存在于并购的情况。在某些情况下，企业的现有机构也可能会建立一个与其客户相互竞争的产品线，这几乎是任何一个企业都不希望看到的。

4. 在大企业收购另一个规模相对较小的企业时，大公司股东所承受的风险往往很有限。如果兼并新组建的小机构并没有什么真正价值，那么它对大公司的稀释作用自然也就不足以给大公司的投资状况造成实质性影响。另外，即使新形成的小型并购企业取得了超过预期的成功，但由于规模和影响太小，它还是不足以造成什么重大影响。但在某些时候，事实未必尽然。比如说，被收购的小公司拥有一条新产品线，而该产品线又可以成长为大公司的一个重要产品种类，或是收购方能获得一两名对自己作出重大贡献的关键人物，在这种情况下，尽管收购对象的规模很小，但却完全有可能给收购方带来难以估量的价值。这样的收购不仅能最大化地降低风险，而且也是所有收购中最具盈利潜力的类型。

5. 和“规则 1”直接有关的原因是：当并购双方具有类似的业务，且彼此之间已经拥有多年交情，熟悉对方的每一个优缺点时，那么，并购成功的可能性也最大。相反，当并购进程相对较快，并购双方业务相差较大，而且彼此还不够熟悉时，失败的可能性自然大为增加。

6. 最成功的兼并往往并不出自频繁涉足兼并的企业，而是属于那些极少参与兼并的公司，与此同时，所有可预见因素均已成熟，被收购方的业务与收购方现有业务密切相关。这些极其少有的兼并对股东来说，大多是划得来的交易，因为收购方“只做水到渠成的事情”，永远也不会殚精竭虑地刻意去做“并购交易”。

7. 如果企业一味依赖于兼并带来的持续增长，就会给投资者带来巨大的风险。根据“规则 1”，**当最高管理层没有把企业活动限制在与现有业务密切相关的领域，而是一厢情愿地痴迷于无休无止的非关联业务时，风险往往会急剧膨胀。**当管理层在短期内同时涉足多领域的诸多并购时，情况将会变得更加危险。

尽管很多人会否认这种说法，但我坚信当企业组织结构中符合以下两个条件之一时，这种投资风险将更加显著。第一个条件是企业的首席执行官把大量时间花费到并购上；另一个是企业专门设置一个以兼并收购为主要职责的高层管理机构。在任一情况下，企业内部总会马上拿出强有力的数字，来说明已完成并购所带来的收益，而这些数字所反映的利益，往往只是心理上的，它们的存在无非是为了证明花费这些时间和精力是值得的。这就会带来与“规则 6”所述事物彻底相反的“压力”。

8. 出于“规则 1”的原因，在投资者以相对较低的价格收购一个不太吸引人的企业时，这往往也是最让人难以接受的收购。而以高价买入完全适合现有业务的公司则是最具吸引力的收购。在另一些场合，企业也许会成为绝佳的投资机会，但在更多的情况下，当一个原本不乏优势和潜力的管理层，在收购了若干疲软而又落伍的其他业务后，就会让希望变成失望，把企业变成毫无吸引力的垃圾。通常，我们会给股东这样一个解释：通过公司业务的多样化，股东的地位正在得到巩固！在出现这种情况之时，以前的公司股价稳步上涨的趋势，有时会戛然而止，甚至会永久止步。

9. 企业涉足完全不同的行业数量越多，管理层承受的压力也就越大。在那些最成功的企业中，很大一部分都把自身业务限制在某一广义上的行业，例如化工、电子或造纸等。但也有少数非常成功的企业，能以极高效率同时参与 2 个甚至是 3 个不同的行业。此外，按照当今的复杂技术，行业之间的差别根本就不存在明显界限。例如，在通用电子公司（General Electric Cord.）的产品中，很大一部分产品与电子有关，尽管这些电子产品各不相同，但我们能因此就把它们归属到不同的行业吗？正因如此，在公司业务过于多样化的情况下，就完全有必要对风险进行严格的规范。和企业所涉足的产品门类数量相比，多元化的实施速度对风险的影响也许更强。因此，当两个规模和业务类别均大相径庭的企业实施并购时（如“规则 4”所述），我们必须对其进行更仔细、更审慎的研究。

多年以来，和局限于一个或极少数业务门类的企业相比，股市对同时参与多门类业务的企业进行估值时，这些企业的相对收益能力，多多少少都会被低估。这很可能是一个铁打不动的规律。如果这个规律成立的话，对于一个刚刚在从未涉足过的领域实施并购的企业来说，按较低市盈率对其估值，难道不是有点不合情理吗？如果这些公司的管理层展示的能力表明，他们完全能同时承担比“脚踏两只船”更艰难的工作，在这种情况下，这样的低估合理吗？

因此，我们可以把并购归结为投资价值的差异问题——不同的并购在投资价值上彼此大相径庭，具体情况则取决于其性质。对于投资者而言，真正的大规模并购必然包含更多缺陷，而远非他们描绘的那么美好。但在这些并购中，实现新的相关业务的可能性并不大，基本上会形成共同控制型的企业组织结构。在这里，尽管没有出现并购，但两家或多家具有不同技术背景的公司，还是会通过联合，来创建一家由几个母公司共同控制的新企业。从道康宁（Dow Corning，公司总部位于美国密歇根州，长期致力于开发有机硅的各种潜能，由康宁玻璃公司和陶氏化学公司合资而成。——译者注）和欧文斯·科宁玻璃纤维有限公司（Owens Corning Fiberglass Corp.，世界建筑材料和玻璃纤维复合材料领域的领先者，总部位于美国俄亥俄州托莱多市。——译者注）等公司的巨大成功开始，这种类型的联合在最近几年里，如雨后春笋般纷纷出现。其中的绝大多数都取得了成功,有很多甚至取得了巨大成功。

我们不难发现增长背后的原因。随着产业技术变得越来越复杂，很多新的商业机会应运而生，它们很可能会远远超越某个企业的技术能力，但对于两个或多个拥有非相关专有技术的企业而言，却不是什么可望而不可即之事。此外，在某些情况下，基础公司也许不具备相应的技术背景，但却可以提供对于新创企业来说非常重要的市场知识和原材料。巨大的资金需求，是另一个在创建合资公司时发挥重要作用的因素。

组建这种公司背后的商业逻辑，并不是大多数合资企业取得成功的唯一原因。同样重要的是,很多母公司本身就拥有竞争性的管理优势。这就是说，他们拥有可以把这种管理优势转移到新企业的人才。这样，新企业的起步就不会出现管理层缺乏经验的问题，而这正是很多原本不乏前景的初创企业遭遇尴尬的原因。

那么，这么多合资公司的成功，是否会让持股公司的股价同比增长呢？我认为，总的说来并非如此。在合资公司创造的利润中，对于以股利形式转移给母公司的部分，完全是按母公司中其他部门的市盈率估算的。除极个别情况之外，投资者更看重留在合资公司中的母公司所拥有的那部分利润，而不是母公司自己的留存收益。也就是说，这些合资公司实现未来发展的留存收益，与母公司为支持未来发展而留存的收益，对母公司股价的推动作用并不一样。

其中的原因也许并不像我们乍看上去那样不合情理。理性的投资者会让公司管理者自己去决定：到底有多少比例的利润应该以股利形式发放给股东，多少比例的利润应该形成留存收益。因为他们相信，公司管理层完全可以按最有利于各方利益的原则作出决策。如果没有这样的信心，股东很可能会卖掉股票。但在收益留存于企业的情况下，这些收益已不再完全受他们所熟悉和信任的管理层控制。

此时，对于他们所投资的管理层，每个举措都要得到其他人的批准，在某些情况下，则需要与其他人相互协商，作出一定的妥协。然而，合资企业的资产似乎离股东更远。因此，这些资产并不像公司自有资产那样让投资者兴奋。同样，合资公司的留存收益也将被严重低估。

那么，是否能找到解决方案——让合资公司的收益像母公司直接持股的企业收益那样，对股东具有同等的吸引力呢？我认为，确实存在一个非常简单的解决方案。在这些合资公司不断成长而需要额外资本时，这种做法已偶有所见。有时，他们不得不通过向公众发行股票来筹集资金。这就为合资公司的股票创造了一个公开市场。在这种情况下，一个欣赏和信任这些合资公司，而不是母公司的投资群体，就会应运而生。对于组建这些合资公司的持股公司而言，只要他们愿意，就可以随时按市价抛出股份，把手里的全部或部分股份变现。

只要有一个卓越的管理层，坚持这种与众不同的做法，就可以让合资公司的真实价值反映在持股公司的股价上——这在目前绝对是难得一见的现象。更确切地说，合资公司的未来留存收益将马上反映在公司更高的股价上，随后，又将表现为持股公司股价的上涨。最终，对母公司的股东而言，合资公司的留存收益将具有与持股母公司自身股票一样的价值。

某些金融界人士也许会对这种看法有异议。他们会指出封闭式信托投资基金被大幅折扣销售这样的例子。也就是说，某些公司在公开市场上变现所持股票时，往往会折价销售。他们宣称，如果合资公司持有的股份存在一个公开市场，那么，折扣销售就会成为一种普遍现象。在这种情况下，合资公司的真正价值，也就不能更顺利地转移到母公司股票的价格上。但我并不认为这种现象是必然的。

在我看来，流动资产变现的折价说明了两件事情。对投资基金来说，这种折价在某种意义上反映了投资基金的运营成本。对于投资者所持有的基金股份来说，则需要从这些股份的收益中扣除基金的管理费用，因此，基金的市场价值将低于其变现价值。在此基础上，我认为还要加上对上述“调整后”变现价值的折扣（或溢价），以反映一种金融界对管理层按股东利益最大化原则运营基金能力的信心。同理，如果一家运营极为出色的公司还拥有另一家同等出色的合资公司股份，同时合资公司的股票已形成稳定的市场，那么，投资者肯定会发现，后者的市价将在很大程度上反映在前者的股票市价上。

如果说，让越来越多的合资公司对持股公司股东具有更高的价值，将会变得越来越容易，那么，为什么没有更多的合资公司向公众发行股票呢？只要有利可图就从不会犹豫的投资银行，为什么没有催促这些公司通过公开发行股票来筹集更多的资金呢？原因在于，在金融界，很多人的判断是彻底错误的，更是高估了股东投票权的重要性。

股东需要投票权吗

在大多数公司中，股东按一股一票的形式享有选择董事会成员的投票权。在法律上，董事会是企业权力的最高机构。它有权任命包括总裁在内的企业高层管理者，同时，它还掌握着制定企业政策的权力。

正是出于这个原因，从表面上看，这种投票权具有至高无上的重要性，对投资者来说也是最具价值的权力。至于追求浮华外表的金融界，对此更是笃信不已。因此，在证券交易委员会针对新股发行制定的招股说明书中，均涵盖了证交会在这个问题上认定的全部重大事项。如果在投票权与标准格式方面存在任何偏差，均需在招股说明书上作详细说明。此时，很多报纸杂志、专业书籍也将推波助澜，对这个偏差口诛笔伐。例如，多年以来，吉尔伯特兄弟（Gilbert）一直在大张旗鼓地讨伐一些企业的行为，他们的努力在国内引起了广泛的反响。即便不能说是全部，但至少可以说，吉尔伯特兄弟的绝大部分改革主张都直接或间接地指向了投票权。

这并不等于说，在投票权这个问题上，吉尔伯特兄弟等改革派的大部分主张都是完全错误的。在一些情况下，个别公司在取消交替式任期的董事会时，仍保留着这种管理上的保护性机制，采用这种方式的目的看起来完全合理。但我认为，对于那些通过合理手段进行投资的投资者来说，投票权问题毫无意义。

我认为，这个问题之所以会带来混淆，最根本的原因在于，人们往往倾向于将两个完全不同的事物放在一起对比。其一，在一个民主体制中，公民拥有并行使投票权来决定其国家和地方事务的重要性；另一个则是股东投票权的重要性。但人们经常忽视的问题，是这两个程序之间的重大差异。公民在行使投票权对各项提议进行表决时，往往会顾及切身利益。他们可以在众多方案中，按照自己的意愿和决定，作出最佳的选择（或是在逆境中避免最不利的情况）。

让我们回顾一下过去，芸芸众生深陷困境，但对投票权的重要性却浑然不知，这样的例子数不胜数。但这些政治问题之所以如此重要的原因在于，在一个国家里，总存在着能把这个国家里的每个家庭联系在一起的错综复杂的关系网。即使是在政治形势已发展到忍无可忍之时，人们也很难轻易作出决策，当机立断，另辟蹊径（但前提是在维护你自身利益的时候不能违反法律）。

我们再来比较一下公司股东。在大多数情况下，任何人在出生时就已经取得了国籍，但不可能在一出生时就拥有某一家企业的股份。他可以并且也应该选择一个管理理念符合自己行为标准的企业。即使是在出生时就继承了一定数量的股票（在很多情况下，投资者有可能会发现，在买进一些股票之后，才发现公司的管理不尽如人意），而且投资者又能处置这项投资的话，也可以轻易地把它们转换为其他公司的股票。因此，在买进股票时只要稍加判断，在投票权这个问题上，投资者就会不可避免地遵循这样一个基本政策：要么完全支持公司的管理理念，要么卖掉股票。

大多数在企业投票权问题上想说点什么的人都会发现，我的观点都和他们完全相悖。我想，大家都听说过这样的说法："无论一个企业管理水平有多高，一旦它想让股东批准一个他们不同意的提议，这时投反对票不仅符合股东的利益，也是他们义不容辞的责任。可是，股东抛售劣等公司的股票，而不是为了改善公司治理代理权，这实际上是在把麻烦转嫁给别人，这绝对不是什么主动解决问题的方式。即使因治理改善而使股价上涨，股东也没有资格享受这份利润。"

这种观点并不新鲜。乍一看，这些观点似乎合情合理。我们不妨更细致地分析一番，然后再来看看它们是否仍然合理。我们先从股东自身利益的角度出发，然后再从公众利益的角度来探讨一下这个问题。

首先，我们假设股东一直信任并尊重公司的管理层，但现在开始质疑公司管理层准备实施的某些措施。任何两个理性人都不可能在每个问题上做到意见一致，因此，迟早有些提议会在股东和公司管理层之间引起分歧，这应该不是什么值得大惊小怪的事。然而，股东也许会认为，这个提议还不算太糟糕。既然已经是板上钉钉的事了，他就可能会放弃其他更好的方案。这样的提议也许是合并、资本变更、选举一名新董事会成员、某种类型的股票期权或是新的高管薪酬计划。

至于投资者是否对公司管理层整体能力抱有信心（如果投资者没有这种信心的话，他也许该反问自己："为什么还要继续持有这样的股票呢？"），我想，他首先应扪心自问："怎样才能确定在某个具体问题上我是对的，而公司管理层是错的呢？总之，对于管理层提出的任何一个问题，他们所了解的情况都更有可能远胜过我。"如果管理层诚实可信，并确实能以诚相待，股东难道不该反省一下自己的观点是否依据不足？我们不妨假设，尽管股东仍然认为管理层的提议一如既往的糟糕透顶，但这对公司发展无足轻重，因此他也不至于就此抛出股票。

如果是这样的话，我们还要探讨一下问题的核心：股东如果竭尽全力去亲力亲为的话，那就让原本出色的管理层不得不缩手缩脚，受制于股东，这是否是明智之举呢？我认为，只要检验一下管理层本身在实践中的基本做法，我们就可以找到明显的证据来证明管理层并不像我所说的那样完美。并非所有大企业都能做到知人善任，通过适当的授权让所有人拥有发挥能力的权利。因此，年轻的管理者很可能根本就没有机会通过实践去不断成熟、不断成长，以完善自己。

只要他们的言行符合公司基本政策，能为企业创造预期的结果，就应该赋予他们自主决策权。即使不符合高层管理者的意愿，也应允许基层管理者有独立的决策权来充分施展自己的才华。企业最高管理层要做到收放自如，放弃无所不为的集权管理，给基层管理者以充分的自由。这也就是说，允许他们去探索，在实践中学习，积累经验，汲取教训。考虑到这种方式的重要性，只要他们能在总体上做好自己的本职工作，能为企业创造不凡的业绩，那么股东为什么不同样节制自己的独断，让同样出类拔萃的最高管理层自由自在地去发挥呢？如果以任何其他方式去约束一个出色的管理层，一旦某个管理者获得了成功，就必然会招致怨恨，产生内部矛盾，与偶然推行不明智的提议给股东带来的损失相比，它的危害性绝对是有过之而无不及。

我们不妨再来看一个更极端的例子。尽管股东对自己的投资始终颇为满意，但管理层的提议让他们感到难以接受，因此，一旦企业真正采纳了这些提议，他们的唯一选择将是抛掉全部股票。虽然这样的事情并不经常出现，但仍不可避免。在否决管理层的决议之前，股东还是首先给自己提出两个问题为妙。第一个问题是：有没有任何重大的机会去否决管理层的决议？第二个问题是：尽管管理层的提议确实不佳，而一旦否决他们，是否会挫伤他们的自信心，让他们一蹶不振，士气低落到难以自拔的地步，以至于即使否决该议案，他们又会提出另一个同样糟糕甚至更糟的提议呢？在现实中，对第一个问题回答“Yes”和对第二个问题回答“No”的可能性微乎其微。

除非这两个问题的答案是客观现实的要求，否则，从个别投资者的角度出发，与其坐守一个对不利提议束手无策的投资，或是即便有可能作出抵制，在以后他也不得不在这样那样的纷争矛盾中煎熬自己，还不如干脆卖掉股票，一了百了。同理，对管理层也一样，最让他们感到心烦意乱的莫过于让自己深陷在与股东无休止的纠缠之中。

当然，很少有几个优秀的管理层会作出有违股东利益的决策，这样,投票权与代理权之争就不会出现。在那些长期缺乏成功业绩的机构，投票权与代理权之争往往很容易出现。最终的结果，要么是实力派股东发起内部政变，要么是某些机构把握时机，夺取企业控制权，并让股东相信：在他们的手里，企业股票将会物超所值。

近年来，众多备受关注的代理权之争，大多未能逃脱这种情况。在股东（不管胜利者属于哪一方，他们都不太可能得到高薪水的职位）陷入代理权争夺之前，最好还是要考虑一下某些最基础的原则。如果一个业绩不佳的管理层长期把持大权，那么最激烈、最具破坏力的冲突，通常就会出现于底层管理者之间。有才华的年轻人注定会跳槽到升迁机会更多的企业，只有在那样的环境中，以不断完善、不断发展为目的的新思维和新建议，才能得到赏识和接受，而不会招来鄙薄和反感。因此，股东不但要推翻不够出色的现有管理层，并以真正有才华的能人取而代之，同时还要发挥底层管理者的才干，让优秀者在众多平庸者中间脱颖而出，并在实践中不断成长，这些能给企业总体业绩带来改善的举措，也不是一蹴而就之事，最终结果仍需假以时日才能出现。

与此同时，我们却不得不面对这样的危险：新管理者也许并不像我们期望的那样才华出众，结果，我们看不到任何实质性改进的希望。篡权者也许只是一些口齿伶俐、油腔滑调的机会主义者，他们的唯一目的,就是为自己找个好差使。因此如果代理权之争源于低能的管理层，那么对投资者来说，最好的选择莫过于摆脱纷争，卖掉股票，然后另寻“高股”，为自己的原始投资找一个更佳去处。也许他应该在两三年后再来审视以前投资的企业，因为只有在足够的时间之后，管理改进才能初见端倪。但此时买入的真正机会也已错过。在任何情况下，在最初的振奋和激动沉淀下来之后，我都会静静地反思过去二十几年的体会：在控制权的争夺公诸于众之后的几年内，股票业绩自然要远远逊色于市场大盘。

如果股东只看短期利益，只要他觉得公司管理不理想，根本不值得花代价支持他们，那么，最明智的办法就是卖掉手里的股票。在这种情况下，股东的做法对公众利益会有什么影响呢？如果股东对管理层行为一呼百应，是否会放弃股东对代理人最基本的约束力呢？是否是在纵容管理层滥用职权呢？如果股东认为管理层有纰漏，并给他们提出更合理的方案，那么，对其他股东而言，督促他们留住股票，提议变革，难道不是他们义不容辞的责任吗？

实际上，只要透过表面看本质，我们就会发现，这些被普遍接受的答案并不正确。归根到底，这是因为股东投票权在执行力方面不仅笨拙迟缓，而且效率低下。因代理权导致上市公司管理层在5年内出现变更的概率，在全部上市公司中的比例绝对是微乎其微的。同样，我认为，在未推翻现有管理层的情况下，通过股东行使否决权来否决管理层提议的情况更是极少。因为对管理层来说，尤其是原本就权利不足的管理层，他们知道自己的提议可能会受到股东的反对，因此，在提出一个议案之前，他们早已经为自己筑起了一道坚实的防护墙。通过买进股票，与其他大股东建立联合或是股权委托等众所周知的方式，管理层都能为自己构筑起坚实的壁垒。

在这种情况下，除了资金大鳄之间建立的类似联盟之外，任何人都不可能撼动他们的地位。由此可见，在公司股东和普通公民之间进行比较同样是毫无意义的。根据政治学家的研究，在美国，即使是最强大稳固的政治机构，其所能操纵的投票权也很难超过22%。尽管这对于个别公民来说是难以逾越的鸿沟，但一旦他们觉醒起来，团结为一体，管理层就会变得不堪一击。任何一个公民都难以让自己被隔离在社会和政治之外，但对于企业，大多数人却可以轻而易举地摆脱纠缠。因此，企业当权者往往可以操纵50%以上的投票权，让自己变得强大无比，不可战胜。

然而，如果投票工具总是如此软弱无力，以至于无法给不称职的管理层带来任何压力，股东还拥有另一种更强大的武器，让他们感受到这种压力。这就是，首先站在自身利益的立场上，一旦发现管理层不尽如人意，就卖掉手里的股票，让这些股票变成过街老鼠。一个对股东冷酷无情、完全以自我为中心的管理层，可能会对少数股东发出的异己声音嗤之以鼻。但当股民一起抛售股票时，必然会直接影响到管理者，影响到他们自身的财富，影响到他们对企业的控制权，最终影响到企业的经营成果。这种持续的抛售必将严重影响公司股价。在这种情况下，即使公司股票市盈率低于竞争对手，管理层也很难做到置若罔闻地泰然处之。

投资者的这种坚持不懈，必然会导致公司将来越来越难以融到足够的资金，融资成本也将越来越高，甚至远远超过那些声誉良好的企业。此外，当企业管理者自己也持有公司股票的时候（或是尽管不持有公司股票，但他们所依赖的支持者拥有公司股票），股东的反对必将影响到管理者自己的财富。和机制约束相比，这更有可能让那些在法律上貌似坚不可摧、刀枪不入的人，感到痛心疾首。显然，比起屈指可数的几张否决票，这样的伤害更有可能改变一个企业的管理政策。

总之，当投资者抛售股票，共同打压这只股票的市场价格，并抛弃一个管理不善的投资时，就是改善股东自身地位最直接、最有效的方法。与此同时，他也在无意间给管理层带来最无情、最沉重的压力。如果有很多人这样做的话，就会形成一种真正无坚不摧的力量。另外，如果投资者总是守着自己的股票，一味依赖投票权去否决公司管理层，即使能联合起很多和自己同病相怜的同路人，也很难有所作为，最可能的结果也只能是徒劳无功。这样的方式，不仅对巩固自己的经济地位毫无意义，甚至就是在浪费时间。

也许这正可以说明，尽管我们一直在探讨投票权问题，尽管新股招股说明书对投票权问题的规定细致入微，但在现实中，“无情的市场”告诉我们,投票权的价值几乎可以说是一无是处。如果你对此还有疑问，不妨回首一下过去 40 年：即使是同一公司同时发行两种几乎完全相同的股票，但股权委托或是其他形式的法律手段，有可能导致它们在投票权的效力上大相径庭。另外，享有投票权的股票却有可能永远也无法实现更大的市场价值。在很多情况下，按照既定市场报价，享受投票权的股票和不享受投票权的股票几乎是完全不可互换的。

对这个问题，成功投资者的信条是：只要能透过表面看本质，你就会发现，我们根本找不到任何证据可以说明股东与其投资的公司，跟公民与其国家和所在地之间，存在任何根本相似之处。因此，**我们完全可以忽略企业投票权，因为从任何一个角度看，它们和股东未来的财富几乎都没关系。相反，我们需要关注的只是企业的管理层是否出色，因为只有这一点才是创造财富的真正源泉。**一旦我们找到这样的管理者，无论是否赞成他的每个提议，都一定要他们行使代理权，并一如既往地支持他们。因为他们拥有超乎寻常的才华，能为你创造不同寻常的回报。这就像为自己选择医生、律师、水管工或是其他任何专业人士一样，不管出于什么原因，只要你对他们的印象不再美好，绝对不要让自己纠缠在无休无止的争辩中，果断地放弃他们，为自己寻找一个更好的人选。

政治与股票投资

大学毕业已多年，学生时代的那些事情也与我们越驰越远。然而我们发现，自己现在又好像正身处橄榄球赛场，一场“大赛”即将拉开帷幕。我们的“大学”就是一场传统意义上的比赛。但在这场比赛中，我们从未遇到过任何一支球队的任何一名队员。

事实上，我们根本就不了解任何一个班级的背景。但当乐队奏响熟悉的进行曲时，当我们看到一直以为属于自己球队的运动服时，我们在情感上就已经成为这支球队的粉丝。那些身着我们自以为属于自己球队队服的家伙或许只是一群毛头小伙儿，他们之所以打球是因为很多喜好社交的人会支付给他们一大笔报酬。如果不是这样的话，我们根本就不会认识这些球员。这就是我们的球队。当然，很快我们最关心的事情，将逐渐变成这支球队的战绩好坏。

社会学家告诉我们，在当代，我们当中的很多人，对美国两个执政党之间的情结，究其本源，和那些原本不喜欢运动的学生对自己的球队在体育比赛中的队旗、队歌以及每一个习惯所表现出的狂热与推崇相比，并无不同之处。事实说明，我们所生长的州和地区，我们现在所居住的地点，我们的种族、宗教信仰以及自认所归属的经济阶层等因素，都促使我们倾向于在选举中支持某个政党的某个候选人。于是，尽管我们会义无反顾地声称自己在意识形态上具有独立性，但却会发现，自己正在不由自主地偏向于某个方面，对于我们所选择的一方，不管他们的意见和主张有多么偏激，我们都会不加选择地予以接受。这样的倾向一直可以延伸到我们对待投资的态度上来。

很多人会问，过多考虑我们在政党上的选择，从根本上说，究竟是不是合理的投资思路呢？既然政府行为可以对股票价值产生巨大影响，那么，在我们信任的人执掌大权时，就选择买进，难道不是明智之举吗？反之，当我们反对的政党即将胜利的时候，难道不应该选择抛出股票吗？

要回答这个问题，我们首先还是来看看这种观点的逻辑基础。政府完全可以凭借手中的权力改变股票的真实价值，这一点应该没有疑问。如果政府为了争取社会反对派的认可，不惜以降低全体人民生活水平为代价，这必然会对原本优异的股票价值带来极端不利的影响。但政府应比我们所能看到的任何机构都更加明智，因此，它更有可能不断强化自身价值。任何人都不能否认政府影响力。但这并不是问题的核心。真正的问题在于，最近几年乃至可以预见的未来，美国是否会延续今天的做法，党派之争是否对投资决策的影响比任何其他因素都更重要。

很多对此笃信不已的投资者认为：共和党基本上是一个拥护商人的政党。他们不仅了解商业问题，而且还一贯以经济成功为第一要务。民主党的力量则源于众多对经济成功嫉恶如仇、满怀敌意的人。因此，当共和党执政时，商人们就可以高枕无忧，投资者就可以无忧无虑地持有股票。可当民主党执掌大权之时，就是股东遭殃的时候。

但这个社会还存在另一个群体，这个群体的人数与上述的两种人数量相近。他们的财富很有限，对股市影响也极微弱(但影响依然存在)。他们的信仰也完全不同于上述群体。由于1932年的经济大萧条适逢共和党执政，他们坚信，共和党就是经济萧条的根源，而民主党则是和平盛世的代名词。但他们很容易忘记，抑或说是在自欺欺人：民主党也无法摆脱大萧条的命运。他们确信，只要是共和党当权，股东和其他任何人就要随时警惕灾难的到来。而当民主党上台之时，大家就可以逍遥度日。

我相信，今天的美国和其以往任何时候相比没有太大变化（以后也许会有所变化），这两种观点都未以真正客观的事实为基础。至于说民主党有什么可以防止经济萧条的绝技秘方，或是他们具有共和党达不到的优势，这种说法显然有悖于事实。因此，无休止地讨论这个问题，似乎是在毫无意义地浪费时间。但很多股东持有相反的观点——只要共和党前景光明，就应买进并持有股票的说法，却在大行其道，因此，我们也许有必要深入探讨一番。

就根本思想而言，大多数共和党领导者在经济上的重视和支持程度要强于民主党，这一点也许是事实。但历史表明，两者在这个问题上根本就不存在泾渭分明的界限。当民主党的参议员A打败在位的共和党参议员B后，也许会比参议员B更加关注和支持经济事务。然而，同样的是，当民主党参议员 C 在击败了共和党参议员 D 之后，他甚至比参议员 D 更愿意倾听商界的声音，当他是一个大党的主要成员时，他就更可能向大家推广自己的观点。

但和参议员 A、参议员 B、参议员 C 或参议员 D 这些个别人的倾向性相比，当代美国还存在着另一个值得投资者关注的基本趋势。也就是说，绝大多数美国选民更倾向于中立观点。他们既反对极“左”观点，也不赞成极“右”观点。在他们看来，重要的不是这些执政领导者支持什么，而是他们实际做了些什么，他们在任时到底在干什么。

很多曾当选过的共和党明星，为了获得美国精英界的支持，都曾采取过各种略倾向于极“左”的手段，并证明自己并不是“大企业的傀儡”。尽管他们的本性并非如此，但他们确实这样做了。民主党执政期间，也曾实施过一系列的反托拉斯政策——以牺牲富庶阶层利益为代价的中立性“社会转移”，强烈偏向于个人与极力反对企业所得税豁免的趋势，这些无不体现了近年来的种种社会潮流。

那么，如果典型的民主党人当选，到底会怎样争取那些中立却最受欢迎的选民支持呢？有时，他们也许会对“大企业”大加斥责，但却很少提出有损于合法企业利益的议案。他们在企业所得税上的观点会更加委婉中立。尽管他们确实想通过更多的“社会转移”政策，在牺牲经济富庶阶层利益的基础上救助贫困阶级，他们的做法也许会超过共和党，但这也仅仅停留在表面工作上而已，绝不会做出任何激进之举。但在面临困难的时候，他们甚至会比共和党兄弟更热衷于挽救企业于水深火热之中。

这样的状况也许不会永久地持续下去。迟早会有一天，公众的基本观念会发生变化，绝大多数选民也许不会意识到（就像现在一样），只有通过美国私人企业在自由经济体系下所具有的高效率，才能让两个貌似不可能实现的成就变为现实：一是稳步提高大多数美国人民的生活水平；二是让每个自由人都能被号召起来负担起和平时期其必须承担的国防预算。或许是因为根深蒂固的观点，绝大多数美国选民都接受这样的观点：只有通过私人利益潜移默化的影响，才能创造出公平合理的自利环境，促使每个人都能最大化地提高效率，创造价值。一旦这个观点发生改变，当代政治的基石也将改变。于是，党派政治对股东的影响也注定将比现在更为重要。但幸运的是，至少是现在还没有出现这种迹象。在此之前，如果投资者仅仅是因为不喜欢党派政治就卖掉手里的优质股票，无疑是重蹈共和党派投资者在“新政”（new deal）的覆辙。要知道，因为这个原因，很多富有并有过辉煌业绩的投资者都元气大伤。过分担心新制度带来的变化，让他们忽视了变革时期的大好时机。除此之外，他们彻头彻尾的错误还体现在，在那些他们反对的制度中，有一些确实有害，但另一些制度的益处远远超过了前者的负面影响。当然，如果政府仍然继续执行那些抑制企业成长的有害政策，通货膨胀自然还会到来。

那种认为戴着同一党派标签的每个议员都是该党核心力量的观点，将会给投资者带来严重误导。同理，对立党派的每个成员也未必都是危险的。要说明这一点，我们不妨探讨一下在过去 1/4 个世纪里，我心目中最邪恶的企业法规，那就是所谓的“超额利润”税。事实上，它只不过是支持者随便找个冠冕堂皇的借口来掩盖其本意而已。之所以说这个特殊的“超额利润”税比大多数税种更有害，是因为它的课税对象仅仅是那些一贯遵纪守法、不断探索新领域和创造新就业机会的企业。相反，它却让那些对巩固和发展经济无所作为的企业有了一定的竞争优势。只要研究一下“超额利润”对优秀企业的影响，我们就会发现，从税收对企业决策的日常影响角度出发，它阻碍健康企业达到抵制铺张浪费，从而提高效率的目标。

对这些公司，只要“超额利润”税继续存在，政府就需要偿付大部分由此而担负的费用，这就不可避免地推动奢侈浪费的流行，甚至会给劳资关系带来负面影响。因为它并不是和雇员一起去解决问题，相反，只是把罢工的大部分损失转嫁给政府而已。

这个税种最初的支持者主要来自所谓的民主党自由派。随着 1952 年共和党任期的到来，很多投资者认为，共和党将坚决抵制这种税收。但事实并非如此。新政要求暂时延长“超额利润”税的效力，这并不是因为它有什么好处，而是因为政府需要税收收入。于是一大批共和党议员转变他们在野时的观点，开始支持这一税收，这似乎有点出人意料。更出人意料的是，更多民主党自由派人士意识到“超额利润”税在本州内也带来了不容忽视的危害。于是他们也开始转变立场，最终对这项规定彻底丧失了信心。

在党派间界限本来就并非不可逾越的情况下，党派立场频繁变幻，性格和观念纷繁多变，因此，只要绝大多数美国人仍然像今天这样保持中庸立场，那么党派之争的胜败，无论是实际的，还是预期的，都不是形成稳健的长期投资决策的基础。

在现有的政治条件下，如果说纯粹党派之争的胜败不应影响到长期投资计划，那么，从短期的时间角度上看，它们是否仍然会产生什么影响呢？不妨假设，根据本书其他章节所阐述的那些更根本的原因，我们已经作出了买卖股票的决策。如果作出这个决策的时间非常接近于大选日，那么，牢记下面的意见，也许可以让您获得好收益：

那些拥有足够财富，甚至可以影响股票价格走势的人，大多会认为，共和党的胜利将会让股票变得更有价值，而民主党的胜利则会让股票贬值。但总统选举和议员选举如此引人注目，而且专业调查（如赌注赔率可反映）的结果通常又非常符合实际情况，因此，多年以来，实际投票日之前的股市始终会在短期上过分低估选举新闻。

这意味着，除了真正极少数的意外情况，大选日后的股市将明显背离多数人的预期走向。换句话说，如果选举结果真像专业政治机构预测的那样，那么，在选举之后的第一天，如果民主党当选，股市将直线上升；如果共和党当选，股市则会骤然暴跌。因此，在富兰克林·罗斯福4次获胜之后，股价均出现大幅上涨。如果牢记这一点，并且还能把握好时机，合理安排交易时间，按照选举进度提前或推迟选举期交易进程的话，投资者完全可以多赚一点。

那么，在选举真正出现意外情况之时，也就是说，在选举结果与赌博公司和专业政治预测机构的预测不同之时，又会发生什么呢？民主党的胜利似乎会促使投资者进一步抛售股票，并导致股市下跌。杜鲁门在1948年意外当选之后，恰好就是这种情况（这也许是20世纪唯一一次名副其实的意外）。

另一方面，当共和党因意外而当选的话，第二天也许就可以看到真正的大牛市。而这恰恰是1954年议会选举后发生的事。人们预测，民主党将在选举中大获全胜，以巨大的优势从共和党手里夺回议会控制权。但副总统尼克松通过最后一刻的奋力一搏，最大化地缩小了共和党在东部的劣势，并在西部反败为胜。于是，民主党对共和党的优势在瞬间就变得微乎其微，甚至可以忽略不计。最终的结果是，股价在随后几天内一直急剧下跌，而不仅仅是一时下跌。

比较一下意外情况发生后和正常选举后第一天的情况，我们就会发现，其中存在着一个显而易见的投资规则：除非政治气候严重偏离以往长期的正常情况，否则，我们就可以根据政党选举的结果，来寻找一个基本的投资决策规则。

这也就是说，如果打算在选举日前后买卖股票，那么竞选预测机构的预测，也许就是最佳的投资指南。如果预测结果是共和党获胜，就应该在选举日的前一天卖出，而且至少需要在一个完整交易日之后再买进。如果预测获胜的是民主党，就在选举日之前买进，但一定要等到选举日后出现反弹时再卖出股票。如果预期民主党将获胜，但共和党出人意料的优势又预示着意外的发生，那么，你可能会发现，遵守这个择时方法绝对是值得的。

第 5 章

PATHS TO WEALTH THROUGH COMMON STOCKS

成长型行业分析基础

把握各行业间的内在联系，将有助于高水平投资者确定进一步的研究领域，从而发现理想的投资类型。

对于那些长期投资者，全面深刻地理解本章内容，是极其必要的。重要的还在于，投资者应认识到，阅读本章不仅仅是让读者了解偶发性投资、买进以及持有等这些可以为投资者创造财富的名词，因为理解这些问题所能带来的收获有限。

然而，事实上这些内容与人们身边的事务暂时离得还是比较远的，因此我认为无论是阅读本章或是其他任何一本书，都不可能自动给投资者带来财富。从一本书的创作，到这本书为读者所了解，不可避免地总要经过一段时间。这段滞后的时间表明，要完全依赖一本书来确定到底应该买进哪一只股票，显然不切实际。

我们可以把投资者通过阅读本书而取得的收获，比喻成钓鱼者为了解一个全新水域而阅读钓鱼指南：无论这本钓指南写得多么精妙绝伦，无论它对该地区的水域介绍得多么细致入微，都不可能让钓鱼者坐享其成。这是因为，即使是写得再好的钓鱼指南，也不可能告诉我们，那条可以让你破纪录的大鱼会在何时何地出现。

同样，等到投资者看完一本选股书籍时，就像鱼儿在溪中的位置，他所认定的投资时机可能已经发生了翻天覆地的变化。如果其他很多人也阅读了这本书，并意识到某个有吸引力的投资，那么，在诸多投资者的共同作用下，这只股票的价格很可能已经丧失了一两年前或是一两年之后所具有的增值潜力。

我认为，对比上面的钓鱼指南和我想在本章所探讨的问题，也许可以给你提供一些值得进一步思考的东西。我们已经讨论了钓鱼指南无法做到的事情，那么，它到底能给我们带来什么收获呢？

它至少可以让我们知道，在某个溪流的某个转弯、某个湖泊，甚至某段岸线，有可能是最适合钓鱼的地方。同样重要的是，它还可以告诉我们，在哪个地方最有可能钓到哪一种类型的鱼。对这个领域的初学者来说，最重要的也许是它还可以说明，这个水域不可能出现哪种类型的鱼。

在大众投资者的心目中，很多相关行业都有可能成为他们预期中的增长点，这就如同新到的钓鱼者觉得，一条溪流的很多位置都有可能让自己有所斩获。但我一直感觉，这些行业所能造就的投资类型与其他行业之间的差异，要远远大于一条溪流邻近不同区段所能钓到的鱼类。我相信，把握其中的一些内在联系，将有助于高水平投资者确定进一步需要被研究的领域（行业），从而发现值得探寻的投资类型。同样，这也有利于那些认为没有时间或能力管理投资，因而需要依赖投资专业机构的投资者作出更明智的选择。因为这不仅可以帮助他们对这些专业机构的工作作出合理评价，而且还能帮助他们认识这些眼前或是未来的投资顾问，到底能为自己做些什么。

要实现这些目标，我们还是来看看所谓“成长型”股票经常脱颖而出的一些领域。首先，我们需要从更深的层次认识一下，这些行业与其他行业有什么不同之处，进而揭示出这些区别可能会带来的投资类型。通过这种方式，我们可以最大可能地发现由此带来的投资机会。

化工行业

首先探讨一下化工行业。在这里，我并不想纠缠于细节上的定义，而只是按照我自己的想法，对化工行业作一个略显武断的界定：从投资的角度出发，在从事化工行业的企业中，最主要的业务就是以自然界中存在的化学元素或是相对简单的分子为基础，通过对这些化学元素进行重组排序，形成更为复杂的材料，并使之具有经济价值的特定性质或特征。

但这个武断的主观定义并不包括硫磺生产和化肥企业（也许有人会不同意这种说法），因为从投资特征的角度看，这两个门类涉及的化学原理还不够复杂。此外也不应该包括制药业。在这个问题上，我的理由同样有点武断：过分复杂的化学原理以及完全不同的经济背景，使它们在投资意义上具有完全不同的特征，已成为一个完全独立的行业。

在过去的 50 年里，这一类企业已经在美国工业史中书写了辉煌篇章。实际上，在普通投资者的脑海里，化工行业和超乎寻常的成功已经不可分割地交织在一起，以至于对很多人来说，化工行业就是追求“一夜暴富”的最佳投资方向。历史上，不计其数的巨大成功拨动着每个投资者的心弦。而诸多媒体报告对一些新产品不遗余力的宣传，更是让人们毫不怀疑：新品上市，必然会为企业带来更多的收入和利润，重要的是，其中的很多报道并非空穴来风。

他们甚至把这个行业设想成一个魔幻般的利润输送带。一端是五颜六色的试管，另一端就是无穷无尽梦幻般的新产品。当这些色彩缤纷、新颖别致的新产品离开传送带，送到消费者手中之时，黄金白银便流水般地涌到制造商手中，源源不断，轻而易举。

在我看来，最脱离现实的，莫过于把化工行业看成是美国最具有投机潜力的行业之一。事实上，它根本就不是什么可以一夜暴富的行业。现实情况恰恰相反，它带给当代美国投资者的，也许只是一个“缓慢但却稳健”地致富的最佳机会。我可以向你解释一下其中的道理。

和经常看到的一样，统计数据也会因样本不同而不同。但大体上看，通过对比化工业与美国工业整体的销售曲线，我们不难发现，与美国经济 3% 左右的年增长率相比，化工行业的年增长率高出 1.5 ~ 2 倍。

随着化工业研发的持续增长，大量新的创新产品在试验研究的各个阶段脱颖而出，所有这一切都无可置疑地表明：化工行业相对于整个工业的高增长率，至少将会在未来几年内延续下去。

某些迹象表明，该行业的状况还能得到进一步改善。由于同处一个行业的所有公司不可能按相同速度实现增长，因此，增长最快的企业会以足够的盈利能力超过行业平均水平（至少达到 3% 的行业年平均增长率的 2.5 倍，即 7.5%），这并未超过某些金融界人士设定的成长型股票最低年增长率：10%。不过能达到这样一种增长水平，任何投资者都会感到心满意足。但在电子等某些行业，一些领军企业却完全能在各自领域实现超过 25% ~ 40% 这样不可思议的年增长率，由此，这些行业的股票也就成了市场上的明星。相比之下，化工业则很难达到如此之高的年增长率，因此，它们的股价也不可能像电子类股票那样迅速升高。

除了股市的扩张速度之外，还有另外一个完全不同的原因制约着化工企业的增长能力。因此，即使是增长速度最快的领先企业，也不可能达到其他行业 25% ~ 40% 的年增长率。这个原因就是：在化工行业，大多数厂房设施的扩大都需要巨额资金投入。

在这个行业，即使是采用最先进的化学工程技术，每多生产价值 1 美元的产品，就需要多投入 1 美元的实物投资资金。几乎所有作为化工生产技术起点的所谓“重型”或“基础型”化工产品，概莫能外。

绝大多数盈利能力较强的中间化工产品或最终产品，同样也符合这一点。纵然是经营良好的化工企业，其增长能力也难免要受到这个因素的限制。另一个不可回避的现实是，在为未来增长筹集资金之时，为避免因对外发行股票而稀释利润的情况，就必须以留存收益或借款提供的资金来完成大部分扩张。这有可能会形成巨大的利润空间：一旦能借此推出合适的新产品，而新产品又能带来更多的收益，反过来又为进一步开发其他新产品提供了资金。因此，通过“超级复利”能形成一种循环往复的持续性增长。但如果扩张导致每增加1美元销售额都需要追加这么多实物投资的话，企业每年所能实现的利润增长率就必然会受到明显制约。

除此之外，厂房设施所需的高成本与化工产业复杂的生产技术，还以另外一种方式制约着业内顶尖企业所能实现的增长速度（但这种影响的程度并不确定）。即使在实验室阶段就能预见到一种新产品的巨大市场前景，但要把这种潜能转化为现实，至少需要几年的时间。随后，在未经检验的生产过程中，大量资金需用于兴建必备的厂房设施，要求尽可能地采取一切措施来降低其所带来的风险。这就需要建造试验性工厂。在实践中，往往是先建造一座小规模试验厂，以便于在最简单的条件下完成生产。之后，在完成各项调整并进行小规模试验的基础上获得最优化的生产成果之后，就开始建立大规模试验性工厂，并在不同运营条件下进行调整和测试。

在正常情况下，即使已能看到实施全面生产的迹象，这种新的产品也需要很长时间才能正式投产。因为从基础化工制品到最终产品，往往需要经过大量中间产品的生产。但无论是基础化工制品，还是中间产品，工厂附近地区的供应量往往并不能达到其要求。因此，在建造最终产品的生产设施之前，必须为这些基础化工制品兴建、扩大并完善相应的工厂。对于新产品生产的每一个步骤，新工厂都必须经历一个艰难的起步阶段，因此，每一种重要的新化工产品在离开实验室到投入商业生产之前，往往都需要经过一段时间。以后的工作，就是再花点时间，让客户相信这些新产品的优点。

但如果这些因素都会成为投资者通过投资化工类股票而迅速致富的障碍的话，反过来，它们也会具有一些保证投资者的投资万无一失的特征。除了极个别高度专业化的领域之外，巨大的资金需求都制约着新化工企业无法像其他领域那样，尽快组织起符合行业竞争态势的机制。尽管资金需求如此巨大，但让人垂涎三尺的增长机会，却无法阻止其他行业的企业涌入化工业。过去所发生的一切，都应该值得我们去作深入的探讨。与金融界普遍持有的观点相反，我认为，不断改善的老牌化工企业对投资者而言，绝对是一种稳赚不赔的投资。

某些在生产技术与化工业类似的石油公司和橡胶公司，在打造和巩固化工业务方面已取得令人刮目相看的成就，尤其是在化学原理上非常接近于原有业务的领域，更是如此。一些老牌化工企业通过进入石油和天然气领域，在原材料和供应采购方面形成新的优势，这至少将在一定意义上巩固原先的固有优势。但即使是对那些很早就对化工领域虎视眈眈的石油公司和橡胶公司，以及其他行业中已涉足化工业的公司来说，我认为，他们的期望还远远没有实现。生产技术的复杂性，只是其中的一个障碍。事实证明，如何保持研发效率以及满足多种多样的客户群体，远远不像他们最初想象的那么轻松。

“二战”后，很多曾试图“迁徙”到化工业的公司，到今天结局都已经尘埃落定。我认为，某些结论正在变得越来越清晰。这种竞争，尤其是以往客户经营的所收购企业带来的行业竞争，在氨气或苯乙烯（芳烃的一种，存在于天然香料苏合香脂中。苯乙烯是无色、有特殊香气的液体，不溶于水，能与乙醇、乙醚等有机溶剂混溶。——译者注）等基础化工产品或重化学产品等领域非常有效。这一点尤其符合生产中不涉及主要副产品的状况。在这种情况下，一个客户就可能耗用一家工厂的全部产量（因而也不存在明显的销售问题），而生产技术则属于可通过工程公司“交钥匙”（也就是说，建筑公司可以保证工厂按预定规范运转，并为客户的雇员提供培训，以保证他们在项目投产后正常运营）的形式予以保证的类型。对属于这一类型的产品，我猜想，未来的增长将被越来越多的生产商所共享，而近期利润越摊越薄的趋势也将继续下去。

然而，一旦放弃这些不太复杂的基础性产品，涉足最出色的化工类投资，并置身于这些投资核心的复杂活动之中，竞争态势将会大不一样。此时，很多产品都将互为主副产品。在这种情况下，我们就要为所有产品寻找市场。有时，可以通过交叉销售来解决这个问题，有时却只需通过开发更新的产品消耗掉某些过剩的在制品。因此，在化学工程和化工研究领域，无论是占据领先地位，还是保持优势，都是至关重要的。我认为，在这个行业的新进入者中，只有很少的几个新企业才能保持其独立性，即使是这屈指可数的几个企业，也不太可能带来什么额外的竞争，因为某些新企业基本是通过并购形成的，也就是说，它们的存在，归根到底，还是要借助于现有企业的支持。

我斗胆判断，尽管化工市场至少仍会按以往整体经济的速度继续增长，但在更好地解决这些问题之后，就不会重蹈20世纪40年代灾难性的覆辙——大量行业外企业纷纷涌入化工业。因此，在过去50年里保持竞争优势的企业，至少能在未来10年内继续保持这一优势。

当然，这仅仅适用于产品线充分多样化的化工类企业。因为它们本身就处于平均法则的庇护之下。即使某个竞争对手的技术在某个方面取得优势，也只能影响到整个行业的一小部分。但公司在其他产品方面的新技术，肯定会在一定程度上抵消这种影响。在这个行业，某些专业公司偶尔可能会实现超常增长，比如说，美国政府对固体化学燃料的需求，就曾经让Thiokol化工公司迅速崛起。但投资者应时刻牢记的是，即使能做到万无一失，这种专业公司也可能会受到相同力量的反向作用，因为技术进步也能让他们随时落伍，使原有的优势荡然无存。

总之，过去的10年已经在诸多极严格的条件下，无可辩驳地证明了现代化工行业为我们展示的基本投资因素：对大型多元化的化工企业而言，要成为一个领域的领跑者，就必须按各项业务之间的轻重缓急，以合理的判断把诸多技术和技能有机地结合在一起，从而开发出越来越多技术更复杂，但在化学基本原理上更相互联系的产品。一旦成为各自领域内的领先者，他们就可以在诸多不同的产品活动中建立起各自的“专有技术”，这样，外来者就很难掌握这些技术，当然也就无法进入这些领域。这就意味着，一旦企业成为多个领域的领先者，只要能做到以下两点，他们就完全能保持优势，继续领跑：

- 在技术上，至少要与其所在行业特定领域的最新技术保持同步；
- 必须保持良好的经营判断力。

对化工业内的某些领军企业而言，其行为的基本政策和理念已经成为根深蒂固的东西，已深深地植根于企业机体之内，因此，技术和经营上的发展对很多行业领军者而言，将是不可避免的趋势。那么，对于那些准备投资于化工业的投资者来说，应该对哪些方面给予特殊关注呢？从长期投资角度出发，在化工业中要寻找最具吸引力的公司，非常容易。以往的记录就是最好的证明。技术领先者和低成本制造商的优势很容易被模仿和学习，因此，选择该行业的股票根本就不是什么难事。这与其他增长潜力明显的绝大多数行业形成了鲜明对比。在那些行业，选择股票本身就是一件难事。

从实践角度看，尽管投资者几乎不费吹灰之力，就能找到未来必然会实现快速增长的化工企业，但投资者并不会获得什么好处。这是因为，**一个投资者可以很容易地找到增长前景乐观的企业，其他投资者同样也可以轻而易举地发现它们。因此，这笔前景一片大好的投资，必定要受到整个市场的吹捧，于是，股价必然会被人为抬高。**由于领先企业的股票往往具有相对较高的市盈率，所以，未来它们的股价必定会出现一定的折价。

至于以高市盈率买进化工类股票的“危险”，尽管相关说法已连篇累牍，但大多数显然只是人云亦云者口中的胡言乱语。尽管股市下跌随时可能会出现在我们面前，并导致这些投资出现短期损失（或是与此类似的其他任何投资），但某些化工类投资却例外，因为它们至少可以给投资者带来长期收益，这一点是绝对有保证的。其原因在于，化工业长期的稳定增长趋势必将延续下去。要补充的是，在正常条件下作出买进这类股票的决策之前，我们必须牢牢记住以下两个问题。

第一个问题是，和化工业中最具吸引力的企业相比，还有很多企业在内在品质上略逊一筹，甚至相去甚远。由于投资者往往倾向于寻找“不求更好，但求相近”的投资对象，因此，这些品质较低的股票，同样也能达到或接近领先企业股票的市盈率。这些股票也许会给投资者带来危险，因为它们很可能无法实现支持其高市盈率的利润增长。一旦出现无法实现这种增长率的信号，市盈率很可能会一落千丈。对于投资而言，这就意味着永久性损失。另一个不能忘记的问题是，在任何时候，投资者都会有足够的动力以这样的价格买进一只化工类股票：在买进最出色的化工类股票之后，只要经过足够的时间，这些股票注定能带来一定的利润，但如果再有一点自我约束力，投资于这些化工企业，或许还能给他们带来更可观的长期收益。

这就促使我们从投资角度去认识，化工企业股票和大多数其他富有吸引力的成长股的区别。正因为选择最好的化工类股票如此易如反掌，于是，“买什么”这个问题也许就显得不那么重要了，而“什么时候买”的时机选择问题则成为最让投资者头疼也最需要判断力的问题。

在严重的熊市几乎让所有曾魅力无穷的股票都变得黯然失色之时，最出色的化工类股票也许就成为投资者追求长期增值的最佳选择。当熊市背后的整体经济导致企业陷入倒退甚至是萧条之时，这一点显得尤为突出。其中原因似乎多少要比判断大多数股票在熊市时是否适合被购买这个问题更简单：最根本的原因，就是这个行业本身的经济学原理。

在牛市，普遍性的乐观情绪往往会催生过于乐观的结论，在这种情况下，任何一种化工产品的上市都会让投资者欣喜若狂。但盲目而非理性的乐观，却很容易会让投资者失去自我判断力。于是，他们就会得到错误的结论：化工业是一个具有抵御经济衰退能力的行业。但这绝对是一种错误，因为在开发和生产任何一种新产品之前，都需要很多时间提前去制定生产扩张计划，准备相应的新产品生产设施和条件（同时为老产品的旺季做好准备），因此，化工产品生产的这种超长先导期，使新产品的出现很容易导致整个行业过度膨胀。

从传统意义上看，只要业务曲线出现出人意料的下降，就会造成生产能力过剩。但在每个繁荣期，化工业不可阻挡的增长率可以让它隔离于经济衰退期的投资神话，都会再度悄然兴起。可最终的结果大多是暂时的失望，当经济衰退期到来时，即使是最好的化工类股票，其价格下跌的速度也会和低品质股票一样快。

就在投资者大失所望之时，大多数股票经纪商却可以重新找到他们的利润增长点：化工业本身的收益就是周期性的，也正是在这个时点上，化工业才开始真正显现其特有的经济本性。这就是说，买入合适股票的大好时机已经到来。其原因不仅在于化工行业增长率是总体经济平均增长率（对于业内最出色的企业而言，其增长率当然要高于整个化工业的平均增长率）的 2.5 倍，更有其他新产品的上市以及老产品的更新改造。这些新产品的绝大部分原材料，都是公司已在生产或是存量过剩的基础化工制品和中间产品。因此，化工企业可以在短时间内发挥这些过剩产能的作用。在这种情况下，化工行业的复苏速度自然会让其他行业望尘莫及。换句话说，在经济衰退的条件下，化工行业增长率的真正意义，并不在于不会出现急转直下的跌落，而是在于，相对于整个经济而言，这个衰退期更短，从复苏开始，重新达到顶峰所经历的时间也更短。这就意味着，对于业内最好的化工类企业来说，价格下跌所持续的时间可能很有限。如果能充分利用这一特点，不仅能为投资者选择可实现长期增长的绝佳投资，还因低廉的买入价格，能让初始投资得到一笔可观的资本利得。

就在我创作本书之时，乐观主义情绪正在整个经济和金融界弥漫。几乎所有人都感到，在“黄金 60 年代”根本就不可能出现什么衰退，也不存在任何值得顾虑和担心的事情。1958 年一度跌至谷底的短暂衰退期，曾让很多商界、工业界以及更多金融界人士倍感压抑。假如人们还未忘记这段经历，经济衰退就不会像普遍预期的那样严重。这就完全可以让美国公众相信：衰退并不是什么值得担忧的原因，因为随之而来的就是复苏和繁荣。

经济史反复地告诉我们，那种乐观主义的观点极其有害。**经济低迷是我们享受自由竞争企业的诸多优点而不得不付出的代价。**它们很少会像预测那样如期而至。经济衰退的到来越是出人意料，它们对股价的影响也就越大。此外我们经常挂在嘴边的所谓“内在经济稳定器”，根本就不可能阻止衰退的降临。也许它们只能保证衰退不会持续很久。

我们唯一能肯定的就是：在 60 年代的某个时刻，衰退迟早都将到来，就像晴空中的一声霹雳突然降临，那时，我们几乎可以不加思考地认为，像陶氏、杜邦或是其他任何声名显赫的化工企业，其股价将首先下跌，随之是整个行业的全面下跌。如果投资者能在那时买进这些公司的股票，就可以享受到异乎寻常的低价，这完全不同于那些在以后具有最高增长速度的股票。相反，尽管这些投资无法实现较高的增长率，但这种增长的高度确定性，却可以为投资者带来稳定而值得欣慰的收益增长。如果投资者认为应该在此刻买入这些股票，同时又能接受这样的事实：意料之外的经济衰退必将反复出现，这是不可回避的现实，那么，这些股票肯定是值得他们长期持有的投资，这笔投资又注定会给他们带来不菲的收获。历史已经反复地证实了这一点。

此外，另一个基本形势也决定着选择化工类股票的最佳买入时机，这种形势在很大意义上独立于经济周期。这就是说，要充分利用如下因素带来的暂时性高成本所导致收益减少的市场衰落期：

- 建立新厂房设施而造成的非正常支出；
- 新产品上市造成的销售成本上升。

对于那些能近距离接触公司管理层的人，这绝对是以超低折扣价和超低风险买入长期投资型股票的绝佳时机。这种投资机会的诱惑力不言而喻，自然也值得深入研究。一般情况下，在兴建一座新工程设施或是准备投产一种重要的新产品时，绝大多数买进的对象将是那些受新工厂和新产品影响的股票。但此时买进的股票大多具有投机性。因为这些投资者基本上对技术问题知之不多，但却期望不费吹灰之力实现一夜暴富。但随着原始投资在各种股票之间不断转换，交易费用增加，结果，原来期待的利润也变成了亏损。于是，投资者开始感到恐惧，进而抛售手里的股票。

最开始的时候，由于还有其他投资者想从股票的“便宜价”上赚点钱，这样，股价下跌速度会较为缓慢。但随着产品技术缺陷一直无法解决甚至愈发严重，越来越多的股东开始感到惶恐不安。市场上开始传闻：公司管理已经“陷入麻烦”，股价就会直线下滑。通常，只有在解决这些技术问题的几周之后，股价才开始缓慢恢复，此时，新工厂往往已经损失了几个月的利润。当然，相对于大公司而言，这样的买进更有可能出现在小化工公司（或是从事化学加工处理的企业）。通常对大企业来说，在开办新工厂之时，其他工厂正处于运行状态之中，因此，原有工厂固有的盈利能力，使新工厂的开办费不会对公司总利润产生很大影响。

有关这类股票买进机会的一个经典案例，就是 1958 年的 Beryllium（位于美国宾夕法尼亚州的一家金属制造公司。——译者注）公司股票。多年以来，这家公司一直保持着盈利的持续增长。该公司的主营业务是生产铍铜合金材料，并用这种原材料制造线材、棒料、条料及其他型材，客户可以用这些型材制造各种零部件及其他产品。公司在这个领域一直保持着良好的增长态势，并且本身也具有强大的竞争实力。这样，公司股票一直保持高市盈率。除此之外，公司在生产技术上开发了几乎完全不同于铍铜合金的铍金属材料，开始在原子能和航空领域崭露头角，并显示出良好的发展前景。

1957 年，该公司和另一家公司同时与美国原子能委员会（Atomic Energy Commission）签订了一份为期 5 年的合同，为原子能委员会供应超高纯度的铍金属材料。Beryllium 公司在宾夕法尼亚州的黑泽尔顿小镇（Hazelton）购置了一套二手圆形机车库并安装了必要设备。由于铍金属的新用途给这家小企业带来了新的发展契机，其股价也从 40 年代中期的最低点增长到有史以来的最高点，达到了 59.5 美元。

但不久之后，1958 年开始的经济衰退就导致整个股市陷入困境，股价开始暴跌。如果没有铍金属带来的新卖点，Beryllium 公司的股票必将一落千丈。这是因为，尽管原有的合金业务依然保持着较高的盈利率，但和其他大多数原材料和配件供应商一样，都不可能在这场经济萧条中幸免于难。幸运的是，由于 Beryllium 公司一直保持着相对较为稳定的销售额及收益，该公司股价的下跌幅度并不大。

可惜好景不长，在随后令人窒息的几个月里，公司管理层却不得不面对严酷的局面：新业务的问题接踵而来。一个又一个意料之外的技术难题弄得他们措手不及，大量的资金不得不花费在调查、诊断和解决问题上。更严重的是，每个问题不仅要花费资金，还要占用大量的时间。1958 年上半年，各月份新业务的亏损额，均不低于原有业务因经济衰退而遭受的损失。最终，上半年的财务报表显示，公司的经营状况仅仅能勉强达到收支平衡的水平。

这段时间，前一年还弥漫于股东之中的乐观情绪已荡然无存，取而代之的，则是极度的悲观和压抑。没人能确切知道，这段让投资者窒息的痛苦经历到底会在何时结束。但每次似乎就要熬过去的时候，新的麻烦就不期而至。和往常一样，有些人开始怀疑，原来的问题是不是根本就没有解决。而雪上加霜的是，每当推出全新产品时，总会出现一些司空见惯的问题。此时，和创办企业时相比，对铍金属材料的近期需求也出现了较大变化。最明显的是，用于原子能领域的铍金属实际需求远远低于最初预测。尽管航空方面对铍金属的需求似乎远远超过最初预期，但这根本就不足以驱散眼下因原子能方面需求减少而带来的阴影。实际上，航空领域的绝大部分需求，仅处于预测阶段，至少要在很长一段时间之后，才有可能成为现实的需求。

面对这些问题，股票价格自然作出反应。到 1957 年底，该公司股价已经跌破了 30 美元。在 1958 年的前 6 个月里，其股价一直稳定在 24 ～ 30 美元，在大多数情况下，仅仅徘徊于 24 美元。更令人关注的情况是，尽管在 1958 年下半年黑泽尔顿工厂的情况已逐渐好转，但很多股东仍然对公司缺乏信心，在他们看来，公司根本就没有真正解决技术问题。尽管有报道称，铍金属材料有可能用于国防领域，但股价基本还是处在 30 美元的低价位上。虽然当时的铍合金业务正处于最繁荣时期，但直到 1958 年年底，股价才缓慢恢复到 38 ～ 39 美元的水平。即使这样，此时的股价也低于其上市的开盘价。

有些投资者意识到，眼前发生的这些事情，不过是因为他们把开发、更新技术作为新工厂正常运行的基本保证。因此，他们所能选择的，要么是在这些问题恶化到极点时，按 24 ～ 30 美元的价格买进，要么等到出现解决方案之后，在风险最低时按 30 ～ 40 美元买进。但无论价格如何，他们所做的，不仅是买入一个马上能带来大幅升值的投资。在按低价买进股票时，实际上，他们是给自己买进一个可以随整个新兴行业的成长而成长的投资。

随着众多领域新技术发展速度的稳步加快，对于那些敢于直面残酷的现实、不为华尔街的情绪所左右的投资者来说，这样的机会在 60 年代将比 50 年代还要常见得多。技术进步的速度越快，这种机会出现的频率也就越高。

投资者还可以通过另外一种方式，以最小的风险投资于化工行业以获得可观的长期利润。迄今为止，投资者关注的企业，还只是那些普遍被认为最具吸引力的企业，换句话说，在业内人士看来，这些公司具有与众不同的出色管理。但和其他任何行业一样，在化工业中，任何一个企业都不可能自始至终做到完美无瑕，以前在管理的某些范畴上符合要求的企业，随着时间的推移，在另外一些方面也许难以做到尽如人意。于是，就会有新的管理层趁机而入，他们在原有管理优势的基础上进一步完善自己，培育出更强大的管理能力，开始为打造一个业绩更出色的新企业而努力。在任何行业，这都可以为投资者带来新的机会。而对化工行业来说，超过平均水平的增长率和相对较低的风险，如此与众不同的诱惑力更会让它成为投资者青睐的对象。

因此，投资者在寻求化工行业的投资机会时，就为我们提供了一个千载难逢的机会：通过投资于经营良好的企业，就可以参与到这个增长率超过市场整体平均水平的行业中，同时又不需要支付过高的溢价。

这样的机会实在太诱人了。随着越来越多的投资者意识到这一点，股票价格很快会随之上涨。当然，**价格的上涨并不应成为抛售的理由，因为随着这些企业的管理日趋改善，股价必将出现进一步的上涨，但买进股票的最佳时机很可能已经过去了。**

在这个问题上，诺普科化学公司（Nopco Chemical，美国的一家化工公司，该公司的涂料生产技术在全球领先。——译者注）的股价在1958年7月30日到1959年3月31日期间的迅速飙升，显然更值得我们寻味。在股利分配获得批准之后，该公司股票价格在9个月内几乎翻了一番。毫无疑问，股价的上涨并不完全因为对公司管理能力的评价发生了变化，而是因为新产品上市初期的高成本阶段已经结束。这和Beryllium公司的情况如出一辙。

和大多数新技术领域里的现有企业相比，诺普科公司的刚性及柔性甲酸乙酯泡沫生产线的启动成本更高，而且高成本启动期的持续时间也更长。但该生产线在一开始即表现出明显的盈利迹象，亏损的可能性很小，于是，股价也对盈利预期作出了正常反应，呈现出不断上涨的态势。但我认为，上涨幅度已经远远超过预期盈利应该达到的水平。

就在不久前，公司刚任命了一位能力突出的新总裁。新总裁上任之后，公司在各管理环节也作出了相应调整。和往常一样，直到很长一段时间之后，这些措施才真正开始见效。随着新的趋势日渐明显，金融界的一些重量级人物开始认为，尽管这只是一家相对较小的企业，但公司的管理水平从来没有受到过任何质疑。我认为，管理层评价的变化给股价上涨所带来的影响要超过其他任何一个因素。

同一时期，另一家大型化工企业——福特机械与化工公司（Food Machinery Chemical Corp.）的股价基本上也翻了一番。显而易见，这在很大意义上也归结于金融界对公司管理作出的较高评价。这是一个特别有趣的例子，因为它表明，大型机构型投资者对股票态度的改变，可以给股价带来极其重要的影响。我们在本书的其他章节里也会看到，在整个 60 年代，这个因素对股票价格的影响必将日益增大。

从 1934 年到“二战”结束，福特机械与化工公司一直是整个市场上业绩最出众的企业。一小部分机构投资者也许是出于对公司管理层的信任，始终对该公司股票热情保持不减。但在这以后的 10 ~ 12 年里，越来越多的投资者对该公司退避三舍。投资热情的下降在很大程度上可以归结为公司的化工业务，其中绝大部分化工业务是在“二战”之后通过收购现有企业而形成的。在这段时间里，公司的机械制造业务一直保持着良好的发展势头。工程开发方面的出色表现，不仅使公司继续保持原有的低成本优势，也为维持高水平的增长率创造了内在支撑。

这些情况使机器业务成为机构投资者趋之若鹜的追捧对象。相比之下，尽管化工业务销售额占到公司总销售额的一半，但其不正常的低利润率，根本无法达到机构投资者的投资标准，以至于使整个企业丧失了应有的投资吸引力。陈旧过时的厂房设备、某些化工部门员工的低落士气，以及公司研发领域缺少令人振奋的新产品，所有这一切都表明目前的低利润率状况还将延续下去。

于是公司选用了一批更有才干的新领导人来处理化工业务。然而，几年之后，尽管管理出现了实质性的改善，但对股价的影响微乎其微。研发等方面的费用支出，使得公司管理层通过提高效率而节约的资金消耗殆尽。结果，管理改善带来的真正进展也并不明显。但到了1958年下半年，管理上的飞跃足以让投资者开始为之心动。到了1959年，市场已经开始意识到：一个出类拔萃的化工业务正在悄然出现。

和诺普科公司一样，在福特机械与化工公司这个例子中，如果投资者能先于整个金融市场认识到其管理改进，他们也就找到了一种亲身体验这些优质化工企业稳定增长的途径，而不至于在股票进入增长期并达到较高市盈率时才买入，此时，为享受增长所带来的收益，企业就必须支付股票溢价。

从某种意义上，我们可以说，企业在管理上出现的基础性改善，也是实现这一目标的最简单途径。在这种情况下，新管理者上任之后，股价并不会马上作出反应，而是要等到一定时间之后，这种管理的进步才能在股价上有所体现。

但如果投资者或其投资顾问认为，低水平化工企业在管理上的切实改进足以让投资价值大幅度增长，那么，在作出这种乐观预期前，首先应该谨慎对待自己的判断：务必要尽可能地确保万无一失。某些以往经营业绩不够漂亮的企业，更有可能会草率地给投资者发出这样的信号：他们已经在管理上作出了巨大改进。这让我回忆起几年前的一家著名化工公司。在这家公司的历史上，从来就没有出现过在销售额和利润增长方面的辉煌。当时，该公司正准备进行融资。公司的部分管理者已经同国内多家金融机构进行了协商。业间传闻，公司正在着手进行一系列的改革和调整。不久，公司股票就开始在股市上成为抢手货。我相信，这些买家中的绝大多数最终都不得不忍痛低价抛售，因为传说中的改革根本就没有出现过。

电子行业

现在，我们再来看看另一个更有可能通过长期投资来实现巨大成功的领域，这就是电子行业。

从投资者的角度看，化工行业与电子行业共同拥有的两个主要特征是：它们都有实实在在的快速增长趋势；它们的增长都有赖于研发成功和在科学知识领域不断进步。但两个行业在投资性质上的差异，就如同北极与赤道地区一样大相径庭。

对于金融界来说，电子行业的年增长率是其他领域所无法比拟的。最优秀的电子公司可以实现 25% ~ 45% 的年增长率。这样一种预期与实际数据之间的对比，任何长期投资者都会为之振奋。但就像热带雨林中残酷的物种竞争一样，随着时间的推移，电子行业的快速增长趋势就会迅速衰减。

很多因素促使电子企业形成一种突然发展和迅速停滞的交替更迭的增长趋势。其中的一个因素，就是国防合同带来的重要影响，而零星大型合同的订立则反复无常，经常是与不同的供应商轮流签订。但更重要的影响因素，还是这个行业自身的技术特性：其发展速度不仅令人难以置信，而且在业内的很多重要领域（尽管不能说所有领域），技术本身并不能保证今天的领先者明天一定还会走在前面。因为任何一个集成电路设计师，都可以轻而易举地复制甚至改善其他人的方案。

对比一下化工行业和电子行业，我们不难看到，尽管化工业的增长率似乎相对有点缓慢，但它的竞争优势更有保障。我已指出，在化工行业，对大多数主要企业来说，如果每年增加投入 1 美元都能带来 1 美元的产量，他们就已心满意足。但在电子行业，对生产设施的要求并不那么重要，以至于每增加 1 美元的销售额只需要 20% 左右的新厂房设备投资。个别情况下，这个数字甚至可以降低到 10%。这就意味着，新来者不需要多少资本，就可以打入电子业的很多领域（尽管不可能在每个领域都这么轻松)。此外，由于这些低投入领域往往适合于采取劳动密集型生产，以至于新进入的厂商只要在生产特殊用途的电子管产品方面具有足够的效率，就能在成本上达到业内大型企业的水平。

因此，对于这些新进入的企业，根本就不需要像大型化工企业那样，必须满足高达百万美元的最低初始投资额，也不需要巨大的产量，就能达到现有企业的低成本水平。最后一点，多种关联产品之间相互竞争带来制约的情况，在电子行业很少，但这在化工行业相对较为复杂的产品中，尤为普遍。总之，在电子行业，普遍存在的低初始投资要求和小批量生产，再加上未来极有可能出现的大规模政府采购，都会让我们满怀信心地设想：无论是从零开始的新企业，还是原有业务毫无吸引力且已成形的老企业，都将以令人瞠目结舌的规模，大批进入这个前途光明的行业。

投资界越来越普遍地认为，电子板块股票不仅能比最优秀的化工板块股票带来更可观的收益，而且也将面对更残酷的竞争压力，因此，投资者在电子行业选择投资对象的关注点，也会远不同于化工业。时间因素，也就是说“什么时候买进”的问题开始变得越来越不重要了。这个行业的成长速度如此之快，以至于只要拥有正确的产品和管理（除非高价格能彻底抵消这两个方面带来的收益），任何时候（即使是大熊市开始之时）都能成为买进“合适”电子类股票的时机。但买进哪只股票的问题（在化工行业，这却是一个相对较容易确定的简单问题）至关重要，因为一旦出现错误，亏损就将令人难以置信。当然，这同样也是一个难题。

通常，在搜索和选择电子类股票之时，投资者至少应评估两个方面的因素。第一个因素是，某一类产品在总需求预期市场份额保持不变的情况下，企业将以什么样的速度增长下去。第二个因素是，企业将以多大的可能性继续保持这种增长速度，并保证增长曲线不会在发展与停滞的交替作用下受到意外影响。20 世纪 50 年代末期，电子板块的股票经历了一场冲天牛市，在此期间，第一个因素几乎毫无例外地受到所有投资者的关注。但某些产品和企业的内在属性，却使第二个因素带来的风险——遭受意外竞争压力的风险，要远低于电子行业中其他很多企业必然面对的风险。我认为，随着60年代的来临，尽管投资者曾投资于50年代末某些最有吸引力的电子类股票，但他们由于不够谨慎还是尝尽了苦头，这无疑使第二个因素更值得投资者去思考。

在我看来，任何一只电子股要成为真正有利可图的投资对象，都必须同时满足这两个条件。一旦满足这两个条件，60年代就会再次向我们验证50年代后半期最明显的现象——如果能在整个市场意识到增长点之前就买进，这些股票的收益将不可想象。

也正是在这一时期，人们才开始普遍意识到，在50年代中期，对安派克斯或是德州仪器这样的公司进行相对适度的投资，到了50年代末，这些投资就足以让你获得足够的财务自由。此类股票的市价达到几十倍，而不是几倍的增长率，这已经成为金融史中最令人难忘的一幕。而这些电子股令人难以置信的收益，更是成为市场的焦点。尽管人们或许应该关注这些能为持有者带来可观收益的电子股到底如何，但依然还是有很多人一直在密切注视着，股价在很短的时间内，像火箭升空一样飞速上涨。在这种情况下，股价可能会在短时间内出现投机性暴涨，但这毕竟只是昙花一现的买卖。

要在一只电子股成为市场宠儿之前选择它确实不容易，不过，一旦选择正确，投资者必将受益匪浅。因此，我认为有必要花点时间和精力去认识和研究其重要特征，只有这样，才能最大限度地保证：我们能选择最好的电子类股票。我们完全可以把电子类股票投资的全部精髓准确归结为：最大的胜利者将属于那些拥有最优秀管理的公司。虽然这简单的几句话对潜在投资者的帮助还不够充分。但这一点显然是毋庸置疑的，尤其对于像电子业这样激烈竞争的行业。如果一个良好的经营管理体系在某些重要环节缺乏高度的经营效率，即使有强大的专利保护和出类拔萃的研发工程，也不可能长久地维持这种增长。除此之外，要寻找一只拥有辉煌未来的电子类股票，对一个良好的经营管理体系来说，投资者到底应该关注它的哪些特殊方面呢？

我认为，在这个问题上，如下特征是投资者必须给予关注的重点：

1. 企业是否拥有一个研发组织，能在某个特殊领域保持领先，而不仅是在某一时刻暂时领先。

我相信，作为电子类投资最经典的成功范例之一，德州仪器公司绝对是说明研发组织重要性的最佳例证。就在几年之前，德州仪器公司还一直是硅晶体管商业开发方面的领军者。但有一个事实是我们不得不考虑的：和业内最大的竞争对手相比，公司当时的总资产根本就不值一提。很多人怀疑，德州仪器公司是否能长久保持这种领先优势。然而，在现有基础上不断进行研发与工程改造，德州仪器似乎完全有能力让这些竞争对手甘拜下风。显然，要拥有德州仪器这样的竞争能力，对这些企业来说还不是一件轻而易举的事，即使个别企业费尽周折达到这一水平，他们也只能垂头丧气地发现：这个看似不起眼的德州仪器，又走到了一个让他们可望而不可即的新境界。此后依然是毫无希望的追赶，但结果概莫能外——他们始终难以望其项背。

因此，在美国工业增长最快的领域，一度看似渺小的德州仪器，却始终占据着惊人的市场份额。随着半导体行业的机械化程度不断加强，分销配送的标准化模式逐渐成形，整个行业也不可避免地进入一个强者生存的周期，众多低效率的小规模制造商开始逐渐被效率更高的大企业所替代。这就意味着，这个在几年之前还很渺小的公司，在竞争中不断壮大，并最终成为这场竞争的幸存者。

因此，在这个不乏魅力但却未必有多少利润空间的行业里，德州仪器完全有资格为自己的股票确定更高的市盈率，这一点绝对是那些拼命挣扎的小企业无法企及的。不断改善的收益能力，再加上稳步增长的市盈率，两者交互作用，共同造就了德州仪器的辉煌，让我们目睹了股市中最惊心动魄的股价飙升奇迹。

我认为，德州仪器还是让我们体会另一个因素重要性的绝佳范例：即便说研发与工艺还不足以让电子公司从无名小辈发展为称雄市场的大鳄，那么它也是维持这一优势的必备要素。德州仪器在研发领域笼络了业内很多精英人才，投入了几百万美元的资金，但仅仅依靠这些，也许还未必能达到现在的高度。在这个过程中，研发机构与高水平的营销力量之间相辅相成，团结合作，同样是不可或缺的。

正是两者之间的互动，才推动研发活动不断拓宽半导体业务的新领域，扩大市场销售潜力，而不是遏制未来的销售潜力。和其他很多电子类行业一样，半导体行业的发展速度非常之快，正因如此，任何一个企业，即便它的特长适用于很多领域，也不可能去探究其中的每个领域。

如果一个企业不仅对市场有敏锐的判断力，而且又能在员工中建立起坚实的团队，去引导企业的研发方向，去探索更广阔的市场，而不是局限于不断萎缩的业务领域，那么，它在研发中付出的每一滴汗水，终将得到超值回报。它也更有可能在竞争中保持领先，因为这样的企业也更有可能在最短时间内，最大限度地扩大产量，从而享受只有大规模生产才能实现的低生产成本优势。

尽管研发和营销（或是市场研究）之间的密切合作，很可能会对总的研发效率产生重要影响。但在电子行业的很多领域，研发与涉及生产销售等日常事务管理机构之间的合作效率，很可能是同等重要的。仅仅拥有比市场更先进的技术或是设备还远远不够，因为其他人很快就可以找到更先进的类似技术。研发工程师只有和相关销售人员紧密合作，才能了解应该如何改进设计，也只有这样，才能在提高基本效率的同时让产品更富有吸引力，更符合客户的口味，更能得到他们的偏爱。因此，这就拥有了那些单纯依赖工程标准进行产品设计开发的企业所无法拥有的显著优势。同样，如果企业能在保持基本设计方案和吸引力的基础上进行产品生产，同时采用成本更低、操作更简单的技术，自然能获得价格优势。一旦离开生产和研发部门之间的密切合作，就只能生产出高成本的产品。

事实上，无论是电子行业，还是其他行业，如果说存在某种比其他要素都重要的，能保证企业研发活动不断成功的制胜法宝，注定就是合作，或者说是团队协作。今天，技术往往是一种涉及多学科的复合体，因此，任何行业的开发活动都需要研发团队具备多样化的技术背景。比如说，要在某一种产品的开发上获得突破性进展，很可能需要理论物理学家、机械师、无机化学家、冶金学家和固态物理学家的共同参与。而同一公司开展的另一个后续项目，同样也可能需要五六名不同学科的专业人士。他们的合作效率如何，很可能是确定最终技术成果的决定性因素。但对股东而言，能否成功不仅取决于他们之间的合作如何，还有赖于他们是否能与销售、生产、市场研究，尤其是最高管理层之间展开有效合作。在今天的现代工业条件下，即使在技术上不具备超凡脱俗的能力，只要善于合作，就会让那些清高孤傲的天才们俯首称臣。

反之，如果最高管理层拥有广阔的视野，为实现企业目标能及时发现技术人才，并能和他们密切合作，肯定会比那些只注重短期效益的公司更能给股东带来满意的结果。大多数高级技术人员最感兴趣的，往往是在自己的专业范围内实现技术突破，并借以取得领先地位，而并不一定是赚钱。管理者应该认识到这一点，并不遗余力地支持致力于技术创新的研究人员，同时，研究人员也能认识到，自己的项目在短期内很可能不会给管理者带来回报，在这种情况下，只要研究的基本方向没有错误，并且这些研究项目又能得到适当处理，那么，凭借全体技术人员的密切合作和强大的生产率，他们的努力往往能带来令人惊叹的长期回报。团队工作和热情决定了生死攸关的企业研发，只要管理者能巧妙领导技术研发人员，并能一直让他们保持对企业的忠诚和不懈的动力，就完全有可能实现可持续的发展。如果说这就是电子类股票投资者在研发方面所必需的特性，那么，他们还应避免哪些失误呢？在我看来，有两个常见的错误是这些投资者应注意的。

其一，投资者永远不要仅仅因为有哪位知名学者，比如说诺贝尔奖获得者，参与公司的重大研究项目，就不假思索地买进股票。实际上，现代工业早已经不适用这一套了。这个后来者也许是相关领域的世界顶级专家，但如果没有其他专业领域或市场研究和生产等非技术性领域人才的支持，最有可能的结果也只不过是昙花一现。即便拥有技术上的专长，但却缺少团队工作所需要的品质，那么，他恐怕连昙花一现都难以做到，唯一能做到的，也许就是浪费有限的资源。很多投资者常常会对自己的一时冲动感到追悔莫及，他们仅仅是因为听说某位教授的加盟，就贸然买进股票，而根本不去作深刻剖析，这位教授能否真正与企业相互融合，或者说，企业是否给他提供了发挥才干的空间。

其二，仅仅因为企业告诉大家，它正在加大研发力度（表现为研发支出占每股价格或是年销售额的比例），就决定买进这家公司的股票。首先，如果不对研发支出进行认真的会计调整，这些数字很可能会因为缺乏可比性而误导投资者。一家公司可能会把某些成本计为研发支出，而另一家有可能把同样的成本计为销售费用或直接生产成本。最近几年，随着企业高层逐渐意识到，华尔街对每年用于研发的支出越来越重视，很多公司开始后悔，没有尽可能地把所有成本都塞到这个项目。其次，即使是进行全面的会计调整，仍然还有一个深层次的原因可以说明：依赖于这些数字，很可能会让投资者付出惨重的代价。

企业经营的任何一个阶段（也许不应该包括广告营销）都不可能像研发那样，各个企业之间在费用和股东收益的划分问题上存在如此巨大的差异。即使是经营最出色的企业，研发支出在 10 年内的变动幅度也可能高达 3 倍之多。如果把普通企业和这些最优秀的企业对比一下，“研发效率”在各企业之间的变化甚至可以达到这个数字的若干倍。显然，股东最感兴趣的是长期收益。对于这种几乎只支出无收入的活动，股东的衡量标准不可能是研发人员在做什么或准备做什么，而是它支出了多少。因此，在评价电子类投资的吸引力时，通过对上述行业的特征进行的调查，可以告诉我们，为什么说过分关注这类简单的算术比率是最肤浅的，因为它可能会带来误导性的结论，尤其是对电子业来说更是如此。

2. 企业生产在国防业务和民用业务之间的分配比率是否合理。

还有一个问题是投资于任何电子类股票的投资者都不应忘记的：在整个行业的销量中，高达 49% 的份额是直接或通过分销商获得的美国政府订单（这些订单又几乎是清一色的军事应用）。如果冷战状态继续下去的话，这种巨大的需求不仅会继续保持增长势头，甚至还会加速。技术进步不仅体现在远程导弹，还反映在局部战争或小规模武装冲突中使用的常规武器，由此可见，电子工业的迅速成长已成为一种必然现象。同时，在这些新式武器中，大多数又要求电子系统具有越来越精密、越来越复杂的功能，这样成本自然也越来越高。因而在军用电子产品市场上，在工程设计和制造方面具有卓越能力的企业，将拥有巨大的市场空间。

但从投资者的角度看，军事业务并不像民用订单那么值得期待。这里的原因很多，而其中最不被人们看好的，就是军事工业的利润率往往很低。这当然情有可原，高销售额带来的高利润总量，在一定意义上弥补了每一美元销售所产生的边际贡献较低的缺点。

军事工业最根本的劣势之一，就是它的不稳定性。一旦结束军备竞赛，东西方之间建立起真正的信任，民用业务将显示出无比巨大的优势。我们相信，人类迟早会有一天找到实现这一目标的方法。一旦到了这一天，军事设备供应商将面临无订单可接的困境。但若暂时忽略这一因素，考虑到目前依然紧张的国际形势，军事业务仍然有着很多民用业务所没有的不稳定因素。“出于对政府工作的支持”，很多合同常可能会在毫无事前警告的情况下被取消。由于在电子工业市场上的技术进步的步伐不断加快，这样的事将有增无减，一旦承包商开发出新的武器系统，马上就会让原有系统过时落伍，进而变得一无是处。

雪上加霜的是，要凭借在民用业务常见的“信誉”扩大政府业务，是一件极其困难的事情。如果一家信誉很高的供应商在一个重要合同中出现成本预算的错误而招致亏损，那么，通情达理的采购方往往会对合同采取合法、适当的调整，这在私人企业中是很常见的。这并不是采购方对供应商因失误造成损失所产生了某种怜悯之情，于是大发善心，修改合同。而是因为在采购方亟须供应商帮助的时候，由此而产生的信誉，将会给他们带来意想不到的好处。同样，大多数个人消费者会对自己满意的品牌或零售店产生信任和忠实感，变成了回头客。相比之下，在军事采购中，一旦供应商有过未能及时交付某种特殊服务的经历，同时另一家供应商又针对同一服务提出更低报价，那么，原供应商继续供货的地位就岌岌可危了。在军事业务中，政府采购官员的任期通常较短，因此，与企业打交道的采购官员频繁更换，今天是这个人，到了明天也许就换成另一个人，进一步加大了在双方间建立相互信任和忠诚的难度。这就很难形成长期的互惠互利关系。这样，大多数军事承包商必须考虑到随时失去某项重要业务的可能性。

另一个尚不为大多数人认可的因素，同样也是让军事业务不为电子业投资者所青睐的因素就是，在军事业务中，人们似乎已经接受了这样的观点：由私人企业进行的工程设计与开发，本身就应该是低利润甚至非营利性的。这背后的理论基础在于，如果处理得当，开发本身就能为开发商带来源源不断的后续生产合同，这些大批量订单完全可以为开发商创造可观的利润；另一方面，在开发期间，尽管政府投了资金，但却没有收到任何实际硬件，所以，供应商应该接受在不挣钱的基础上承担开发工作。这种在不营利的前提下开展研发工作，然后再通过生产去赚钱的做法最早出现于“二战”之前，并在“二战”中得到普及。它在当时曾发挥了良好的作用。因为在那个时候，大量的军事装备都属于专用品，比如说坦克、步枪、炮弹与飞机。按照今天的标准，开发新型武器所需要的人工总量相对较小，相比而言，武器装备的需求量却非常巨大，因此，开发工作量和实际采购的武器数量之比自然也很小。

过去15年武器和技术的飞速变化，使得今日与“二战”时期的差距之大，甚至超过近代兵器与中世纪武士和骑兵之间的差别。因此，始终指望一家承包商按成本进行开发，然后再通过后续生产实现盈利的做法，就显得彻底过时了。这背后的原因在于，现代武器的威力无比巨大，以至于要摧毁全部目标根本就不需要很多武器。另外，飞速发展的军事技术使新模型的工程开发工作尚未结束，新式武器就已经进入了设计阶段。这样,原有设计就已经被落在了后面。对于自“二战”以来出现的绝大部分现代军事体系来说，生产时间与工程设计时间之比都已经大幅度地减少了。

人们已经意识到，当前的军备竞赛中，剩下的是工程设计方案，并不是武器。当然也不是没有例外，如某些零部件和组装件可以在基本不作调整的情况下用于多种武器系统。但从总体上看，所有这些因素都表明，为了获得后续生产订单，企业需要承担越来越多的基本上没有利润保障的设计工作，而后期的需求量却越来越小，因此，很多军事业务也开始越来越不为投资者所看好。

在这样一个国防用品决定企业存亡的时代，人们更加关注生产，而不是创造性的工程设计上，这不能不说是一种悲哀。我相信，从国家安全的角度出发，需要这些最出色的科研人员和经营人才始终致力于保持美国在军备竞赛中的领先地位，但从根本上说，民用业务远比军事业务更有吸引力，因此，这必将对国防产生非常消极的影响，并促使企业把越来越多的时间花在消费品的研究与开发上。

在某些情况下，这种危险的倾向很可能会改变基本经济条件。但迄今为止，我还没有看到一点这样的迹象。不过一旦出现这样的信号，那些追求收益最大化的投资者，最好应该在现实可能，而不是一厢情愿的基础上作出判断。由此可见，在不远的未来，除了直接与民用业务有关的领域之外，我们必须认识到，军事电子工业的重要性必将低于民用工业。

由此，我们或许可以判断出，如果投资者要选择一种具备最大增值潜力的电子类股票，就应把关注点限制在从事非国防业务的企业身上。但事实上，这样的想法根本就是错误的。投资者寻找的对象，恰恰是那些从事军事业务的企业，而且从工程设计或其他角度看，这些业务应该与民用产品具有充分的关联性，这样，企业就可以通过政府业务获得双重利润。除了通过政府业务获取利润之外，企业还可以在政府财政支出的基础上积累经验和技能，使之有能力开发盈利性更高、生命周期更长的民用业务。

有些企业通过与具有不同工程和营销背景的下属企业之间的密切合作，在选择最有利于自身发展的政府业务方面，形成了独特的能力。通过这些工作积累起来的经验，大大提高了他们进入在技术上存在关联性的工业或消费市场的竞争能力。这些工作可能包括政府研究项目和生产承包项目，但更有可能是两者兼而有之。当然，只有那些在相关领域处于领先地位的，而且具有真正技能的创造型企业，才能获得这些业务。然而，当一家电子公司真正通过这种方式建立起民用业务能力的时候——而不仅仅是停留在口头上，我们就可以认为，它完全有希望成为一个非常有吸引力的电子类投资项目，这家企业也就值得我们作进一步的研究：它是否还符合此类投资的其他必备条件。

电子企业的管理者总会得意地告诉投资者，他们在政府项目和民用项目之间的业务，完全是平均分配的。这似乎是在说，这种多样化经营本身就是一种优势。即使这种多元化经营不能促使民用业务出现大幅提升，但和多样化程度较低的企业相比，在稳定性方面也会拥有更多的优势。但电子行业的投资者永远也不应忘记的是，**对于真正富**

有吸引力的公司，不仅要求他们在军用业务和民用业务之间有某种联系，还要求管理者能找到行之有效的途径，让民用业务受益于通过军用业务所积累起来的技术和生产能力。

从国家安全角度出发，最让我们感到欣慰的是，当今复杂的电子技术，在某些情况下，在民用与军用业务之间实现相互联系和相互支持，已经不再是天方夜谭。但对美国这样一个国家来说，我们的客户和我们的政策，却让设计新型卷发器（hair-curler，*在这里指电热卷发器，包括电热管，铰接在电热管上并通过弹簧与电热管组成夹子的带有按手的夹片，还有与电热管的一端固定连接的内有线路板的手柄。——译者注*）或是“华夫”饼干烤模（waffle-iron）比新式导弹拦截系统更有诱惑力，也更符合这些顶级工程师和商人的眼前利益。因为他们毕竟可以拥有这些卷发器或是“华夫”饼干烤模设计的所有权。

成功的导弹拦截系统设计，也许可以挫败敌人的潜在威胁，保护美国人的生命安全。但在完成一个难以估价的国防装置后，设计的所有权很有可能不属于开发企业。按照已过时的军事采购理论，生产合同原本应属于承担产品设计的企业，因为设计阶段本身几乎没有任何利润可言，但在经过激烈的报价竞标之后，生产承包商却完全有可能是另一家公司。此外，在经过反复的谈判之后，最终通过投标拿到合同的企业，很可能只得到一份利润微薄且不稳定的生产合同。总之，从国家利益角度来看，导弹拦截系统的价值或许是难以估量的，而不管卷发器多先进，对国家利益毫无意义。但即便是在最琐碎、最无关紧要的消费品领域，在花费同样资源和精力的前提下，产品设计和商业组织也能得到远多于政府业务的经济回报。

在这样一种制度中，如果不能通过军用电子业务在民用业务领域获得额外补偿，就必将会有更多、更出色的设计经营企业去设计和生产卷发器，而不是固守原来的导弹拦截系统。但不管怎么说，现有体系还不可能发生彻底变化，尽管政府几乎不需要付出任何代价，但军事业务毕竟还需要有人来承担，因此，它依然有能力吸引更多的顶级人才，在国家最需要的领域施展自己的才华。因此，和 50 年代末期一样，那些电子领域的精英，在 60 年代仍有机会在军用和民用电子交叉的业务领域中，为股东创造不同寻常的收获。

3. 客户并不会因为价格优惠而购买产品线中默默无闻的便宜货，那么，企业能否让核心产品的技术优势被市场所接纳呢？

在涉及仪器制造的某些特殊电子工业领域，多种条件可能会综合到一起，让投资者获得巨大利益。产品质量变得如此之重要，使得任何投资者不会因为厂家在价格上让步 10% 或 15%，就认为他们的新产品或劣等品会有不错的性能。如果过度让价，企业就无法保持盈亏平衡，因此，即使能通过大规模生产来降低成本的高效制造商，也很难在价格上过度妥协。

当多个在产品质量上不相上下的制造商同时存在时，就有可能会同时出现这种情况，而且不会给电子业投资者带来任何影响。但对某些生产和维修较复杂的产品而言，某一制造商就有可能在质量上脱颖而出。此时，相关电子类股票的地位必将有所变化，股价与市盈率将大幅提高。要理解这一点，我们还需回头看看大多数电子类股票的投资特征。也就是说，这些股票不仅具有超乎寻常的增长潜力，而且还具有超乎寻常的风险：竞争有可能在毫无迹象的情况下随时打断增长势头，甚至让整个投资陷入危险。

但在个别情况下，如果一家公司凭借其质量和信誉，让其他企业难以动摇其优势时，那么，电子股的正常投资特征将发生变化。尽管增长因素依旧存在，但若管理层认为没有必要在质量上偷工减料，并坚持不懈地致力于产品改进，那么风险则会降低。如果在一个颇具增长潜力的领域出现这种情况，一个高价值的电子股就已经产生了。作为 50 年代最令人瞠目结舌的电子类投资之一，安派克斯公司也许是最好的例证。无论是用电子类投资的哪个指标进行衡量，安派克斯都是能经得起考验的电子公司。

但在我看来，安派克斯公司之所以能有这么高的市盈率，很大意义上并不是其巨大的增长率、完善的企业管理、出色的工程设计、政府业务和民用业务之间的融洽关系所能解释的。在大部分仪器仪表产品中，客户不希望在质量方面看到任何闪失。在这些产品中，其他人很难在质量上找到有损于安派克斯公司声誉的瑕疵。只要继续保持这一状态，公司完全能维护自身的领先地位（但电子行业不可预料的非正常风险则是永远都必须考虑到的因素）。另外，由于具有低于正常水平的竞争风险（与其他企业相对而言），安派克斯的高市盈率也就不足为奇了。

大多数投资者似乎都无法理解，为什么某些电子股能始终保持这么高的市盈率。对这些投资者来说，如果能牢牢把握一个最基本的概念，也许能让他们避免严重的误判：在电子业这样一个瞬息万变的行业中，在决定合理市盈率时，竞争风险和增长曲线都是同样至关重要的因素。

4. 企业在销售和营销能力上是否足够强大。

在任何一个制造业中，其他因素也可能起着同样重要的作用，而如下 3 个因素是一个成功投资与众不同、卓越超群的基础。这 3 个因素分别是：

- 比大多数竞争对手更强大、更有效的市场扩张和销售能力；
- 生产能力，即以更低的成本生产出优于大多数竞争对手的产品；
- 研发能力，即通过研发活动在不断改善现有产品的同时，企业在自身能力范围内不断开发出盈利性的新产品。

可以说，所有这些因素都适用于包括电子业在内的任何行业。从一方面看，在讨论电子股特定投资特征之时，单纯强调销售能力也许是不符合逻辑的。但要注意，我在探讨电子行业时特别谈到了研发问题，之所以这么做的根本原因在于，和其他任何行业中影响投资最关键的因素相比，研发对电子这个日新月异的行业来说更为重要。因此，相比其他行业，投资者应更加关注电子企业的销售能力。

这背后的原因可以归结为电子业务中拥有比例相对较高的政府订单。毫无疑问，我完全能体会到，要获得这种具有特殊意义的项目，最终还要取决于企业的销售能力。但我认为，这绝对是一种特殊的销售能力。向国防部兜售产品所需要的技能，不仅要远远逊色于常见消费品所需要的销售技巧，而且从销售角度看，它们在本质上也是截然不同的：无论在政府推销方面做得多么出色，都不一定能让民用业务的销售能力得到提高。

换句话说，在大多数行业中，如果一个企业没有强大的销售组织，它就很难实现增长。精明的投资者根本就不可能被这样的企业所吸引。同样,它们也不可能实现所谓“成长型股票”所具有的高市盈率。因此，我相信这是一种特殊的销售能力。

而在电子行业，如果企业具有足够的开发设计能力，就完全有可能形成巨大的规模经济。它甚至可以凭借强大的开发能力，把大企业客户的某些重要成果收为己有。但我还是认为，有辨别能力的投资者应尽量回避这类企业。政府业务的最大问题在于不稳定性。在防范销售额出现大幅波动的诸多因素中，最重要的，莫过于拥有一个强有力的分销组织，只要企业迫切需要某些客户，它就有能力随时接触到这些潜在客户。至于这个组织到底是企业的销售员，还是制造商销售代表之类分销商构成的组织，这并不重要。重要的在于，当企业需要新的销售理念，并且需要在最短时间内全面掌握这些新理念时，就要根据企业的需要，选择并培训合适的销售人员——无论是公司雇员还是外部人员，概莫能外。

空洞地依赖于资产负债表和损益表的分析，并不能帮助投资者认识这些问题。空谈政府和民用业务的比例关系也无济于事。但在我们选择电子类股票之时，要分辨它们能否在这样一个起伏不定的行业走在前列，并始终保持领先优势，有些因素则是必须考虑的。某些电子企业的创建与领先优势，完全来源于他们在个别领域的创新性开发技能。这些才华横溢的人才不仅关心开发问题，同样也对生产感兴趣。于是，企业的生产环节很少会受到冷落和误解。

尽管也有例外，但绝大多数开发人员对销售似乎还没有这样的热情。在如何打造市场营销的领导能力方面，他们的领悟力远不及在开发设计上的天赋。从表面上看，一个在开发方面人才辈出，但却缺乏销售实力的电子企业，也许会在一段时间内给股东带来不菲的收获，因此，他们很可能会继续忽视建立和完善销售组织的重要性。但从长期看，那些没有被禁锢于这种短视倾向的投资者，更有可能大获全胜。

制药业

对 60 年代的投资者而言，另一个非常有可能实现快速增长的行业，则是制药业或医药行业。即使是在不久之前，人类还在迫切期待着征服白喉或是脑灰质炎这样的疾病，但在这些疾病面前，人类却显得如此无助。因此，即便毫无想象力的人，也应该能猜想到：人类是多么急切地期待更有效、更好的治疗手段，去治愈那些依然折磨人类和家养动物身心健康的病患。

现代制药业是在“二战”期间以及此后才真正出现的，抗生素的发明等一系列重大事件，标志着现代医药业的诞生。正是在这一时期，生产技术的发展降低了药品价格，让很多药品进入大众市场，走进平常百姓家。在这个领域，大多数技术上的重大突破都会造就一个巨大的市场，因此，一些经营良好的制药公司，在开发和改进药品方面的研发支出与销售额之比丝毫不低于电子企业。60 年代，除非研发将以彻底失败而收场，否则，敏锐的投资者总有可能找到暴富的大好时机。那么，在这个色彩缤纷的领域，到底有哪些特殊的投资特征呢？

在科学原理上，制药业在某种意义上类似于化工行业，因为它们都是通过化学手段来重新调整原有物质的分子排列，使之具有某种特性，或是把原子或相对较小的分子构造成具有特定性质的复杂物质。换句话说，虽然制药业生产分子体积大于化工业的产品，而且更复杂，但从技术层面看,两个行业之间的边界仍然非常模糊。但对投资者来说，它们的情况大不相同。尽管制药业在投资属性上似乎介于化工业和电子业之间，但和技术上较接近的化工类股票相比，它在价值增长速度以及内在高风险方面体现出的特性，使之更接近于电子类股票。我曾经提到过，在化工行业，一种重要产品在完成试生产阶段后，往往需要大量的资金和更复杂的生产设施，才能进入正式生产阶段。因此，只有在极个别的情况下，才有可能通过先进的研发来降低厂房等生产成本与销售额的比例。相比之下，在制药业，为扩大市场所需要的设备投资不仅很有效，而且安装时间也很短。因此，制药业既不存在化工行业高不可攀的有形壁垒，也不存在竞争性产品投产后销售额迅速衰减的可能。

虽然有些人可能会有不同见解，但我还是认为，在一个技术随时都有可能过时的行业，对很多大型制药公司而言，只要仔细研究一下他们的产品组合，我们就会发现，它们对技术过时问题的防范能力往往低于我们的设想。在很多情况下，销售额中的绝大部分仅仅来自为数不多的几种关键产品。而且这几种关键产品往往也是利润的主要源泉。因此，一旦有一两种主要产品落伍，就有可能对企业的盈利能力及其股票市值产生严重的不良影响。

尽管这些基本状况看似前面介绍过的电子工业中的高增长率和高风险性，但也存在另外一些因素，使之不可能出现电子业在极个别情况下出现的高增长和高风险。首先，就美国的实际状况而言，任何有关人身健康的新产品在正式上市前，都必须获得美国食品及药物管理局的批准。这就意味着，生产企业首先要提交大量的数据资料，这就需要一定的时间。这给了竞争对手足够的反应时间，这样他们就可以事先采取措施来应对新的竞争。同时，我们还要记住，大多数药品的真正市场，归根到底还是取决于国内外那些开具处方的医生。在这个庞大的群体中，肯定有很多医生一直在寻找更好的治疗手段。

因此，任何疗效更佳的药品，都会成为他们的宠儿。但在无数医师中，肯定会有很多人深知，任何一种疗效强大的新药都蕴藏着巨大的危险（一种药品可能对无数患者都不具有副作用，但却有可能无缘无故地在少数患者身上产生副作用），因此，他们更愿意使用更保险的旧药。

最后一点，有些医生因为长期使用原有药品，从而在使用这些药品的方面掌握了大量技巧。在这种情况下，不管新药物多么有效，他们都会在使用这些不熟悉的新药时犹豫不决。正是出于这些原因，在医药行业，很少有几种新药能在短时间内，达到其潜在的最大市场份额。同样，一种在技术上已完全过时的老药，尽管与市场出现新产品之前相比，可能会出现较大幅度的下降，但仍有可能在以后的多年内，继续保持非常稳定的销售额。

还有一个因素使得制药业的技术竞争，不像电子行业的某些领域那样如脱缰野马般难以遏制。大多医师的工作非常繁忙，尽管每年都有很多新药面世，而且很多新药都宣称自己有显著疗效，但这些医生根本就没有足够时间去了解专业领域内正在出现或是传闻中的每一项重大进展。对任何一种新药，他也许只能从技术报刊或医学期刊中略知一二。他对这些新药的了解，甚至只能来自所谓的医药代表。每家制药公司都会雇用这样的销售代表，让他们拜访主治医生，向他们宣传公司在产品上的重大突破。但大多数医生业务繁忙，以至于只有一小部分推销员才有机会见到他们，销售代表也只能选择少数能给自己一点时间的医生。

毫无疑问，这种选择或多或少地取决于销售代表的判断。反过来，医生对销售代表所在企业的既有看法也是一个不可忽视的因素。这些影响必将让那些声誉良好、销售组织完善的知名企业获得更大的竞争优势。

在一定意义上，这还使得某些新药一经问世就会带来出人意料的竞争力。

站在投资者的角度看，除了销售代表所在组织的规模和地位之外，一家制药公司在建立新药市场方面的能力相对于其他公司的能力，是仅次于新药持续开发能力的另一个重要因素。每一名医药公司的销售员，都必须面对无数风格迥异的医生，要说服这些医生，不仅需要高超的技巧，还需要大量的成本。如果一种新药在疗效和经济上都具有足够的吸引力，那么，制药公司就必须求助于最有资格的医学专家来检验自己的产品，因为他们的临床疗效更富于说服力。随后，制药公司还要借助于巧妙的措辞，在医学期刊或是宣传手册上介绍这些检验结果，再配上免费赠送的样本，加强产品的宣传力度。某些时候，小型医药企业不仅缺少实现市场最大化所需的营销技术，还缺乏必需的资金支持。

总之，随着人们在战胜疾病方面取得越来越大的进步，整个行业也必将在 60 年代实现更迅速的市场扩张。但这毕竟是一个缺乏内在稳定机制的市场，随时都会出现意料之外的起伏和波动，而且，在这个市场的绝大部分领域，一个企业的新发明很可能会危及另一个企业的市场，那么，投资者怎样才能从中受益呢？

投资者能做的只有两件事。首先是买进最优秀的大型企业股票，比如默克（Merck，美国最大的医药福利管理公司，客户包括世界 500 强企业中的 150 家公司、工会及州政府员工等。——译者注）和先灵制药（Schering，美国著名的制药公司，2007 年销售额全球排名第 13。——译者注），因为他们不仅能把高人一等的研发组织和超群的营销能力有机融为一体，更在医学界享有崇高威望。随着整个行业的迅速发展，这些拥有出色的研发能力，同时又是业内多样化水平最高的企业，不仅能通过自我创新实现快速增长，而且还有能力抵御其他技术突破所带来的竞争压力。

但和此前讨论过的化工行业相比，在选择最优秀的企业时，两者之间既有可比之处，又存在着明显的差别。它们的共同之处在于，无论在什么时候买进，都存在着巨大的增值潜力，只要经过足够的时间，无论是最优秀的化工类股票，还是最出色的医药类股票，都有可能给投资者带来不菲的预期利润。当然，和化工类投资一样，如果投资者有足够的自制力，耐心地等待，抓住最有利的买进时机，一样会得到更可观的利润。

下面，我们再来看看两者之间的巨大反差。在化工业和医药业中，如何确定最佳买进时机的基础条件是完全不同的。我已经说过，在化工行业，普遍性的经济萧条往往会带来这样的机遇。但事实证明，这个时期基本上是买进最佳医药类股票最差的时机。由于医药业受总体经济形势的影响相对较小，因此，在其他诸多业务收益能力迅速下跌的时候，投资者很可能会高估医药类股票的价值。

在这种情况下，萧条并不会让医药类股票出现缩水。但其他因素却能让这个行业失去投资者的宠爱。由于药品与人类的健康息息相关，使得很多公司享有的高利润率会受到政府干预。因此，这就极有可能让 60 年代频繁出现买进医药股票的机会。就像以前经常出现的情况一样，一旦某家医药公司的股票大跌，就会促使金融界意识到，同样的事情很可能会出现在其他公司身上，尽管这些公司的股票未必会大跌。此时，业内的所有股票都会一股脑地不被市场看好，直到其他新药品横空出世，让整个市场为之振奋，转瞬之间，便彻底忘却过去的阴云。因此，在这个动荡起伏的领域，如果投资者能在这个时刻做到波澜不惊，买进最优秀企业的股票，就很可能会大赚一笔。

但对那些在医药行业研发方面知之甚少的人，他们同样可以拥有另一种机会，这是一种在任何时候都有可能出现的机会。某些管理上佳的医药公司，通过开发全新产品，可以在收益能力上实现突飞猛进的增长。如果能在整个金融界意识到这种新产品对企业盈利的重要性之前买进这些股票，其结果将不言而喻。即使市场已经知晓这一结果，但只要股票价格存在微弱的缩水——这是很常见的情况，纵然不能有丰厚的收获，但结果一样值得期待。当然，要实现这样的收益，投资者或是投资顾问还必须了解自己到底在做什么。更重要的是，对任何一种准备买进的股票，都要有这样的认识，只有这样，他们才能取得持久卓越的成功。

其他值得关注的行业

"二战"以来，工资收入持续稳定增长。在这样的背景下，如果一个企业能不断提高工人的工作效率和质量，开发新的盈利性产品，那么，它就极有可能成为投资热门。因此，在任何一个列举 60 年代最具吸引力的投资对象名单上，如果不提机械行业，都不能算是完整的。

对于一个出色的机械企业，它的根本性基础和同样出色的化工企业、电子企业或制药企业相比并没有什么不同之处。因为每个出色的企业，都必须在生产、销售和研发方面做到出类拔萃，正是这些因素的结合，才共同决定了这项投资到底能达到怎样的成功。但在这个总体框架内，在我们调研全部机械企业的投资可行性时，有两个是需要我们给予特殊关注的。它们不仅适用于行业中最重要的领域——实现自动化办公的所谓办公设备行业，同样也适合于生产工业母机的企业。

第一个问题是企业在不断改进产品的时候，就会迫使客户进行设备更新。除个别特例之外，整个机械行业几乎都不具备其他业务的优势。对其他产品而言，要么是一次性消耗，如食品、化学制品或纸张等；要么就是在用过一段时间之后更换，如纺织品、涂料或轮胎等。因此，企业可以针对现有客户，通过不断重复相同的业务而保证经营的持续性。

从本质上说，某些机械需要在不同地点不断移动，因而，始终处于摇动或颠簸的状态中，于是，它们在使用一段时间后会出现磨损现象，并需要按固定期限进行更换，只不过相对于其他产品而言，机械设备的更新周期更长。当然，汽车就是这类机械中最典型、最重要的例子。但绝大多数机械设备的设计用途，还是固定在某一地点，也不需要承受上述的压力与疲劳破坏。

尽管关键零部件和配件也存在磨损，需要定期更换，但只要更换少数几个重要零部件，大多数固定设备都能在较长时间内保持正常运转。这就意味着，多数机械制造商只能依赖于两个市场：一个是服务对象所在行业的扩大，也就是说，客户对相同机械设备的需求不断增加。只有在极个别情况下，机械企业才能幸运地找到一个能单纯依赖扩张而实现持续增长的市场。因此，即便是对不断扩大的市场，企业也必须依靠另一个市场，同时也是更大的销售来源，即通过对现有设备进行更新改造，降低设备的运行成本，或是提高产品质量。所以说，要通过机械工业投资实现长期增值，而不是昙花一现的短期增值，投资者就必须判断，企业能否在产品设计方面始终拥有创造力和创造性人才。

对机械行业的任何一个分支，未来的潜在投资者还要特别关注另一个问题：企业是否有足够的能力为售后产品提供合理的维护。除经常处于振动或运动状态之外，大多数类型的机械设备都能运行相当长一段时间。但如果某些零部件在出现磨损或缺乏调整时没有得到特殊的关注，任何设备都不可能保持长期的正常运转。很多机械设备都非常复杂，使用者根本就无法在设备出问题时独自进行必要的维护。而在地理分布非常分散的地点提供这种维修不仅非常困难，而且成本也较高。但如果不能采取有效措施及时提供设备维护，往往会影响客户对企业的印象和看法，进而危及企业经营的健康发展。

反之，及时而良好的售后服务，不仅有利于拉近客户与企业的关系，继续扩大机械设备的销售额，也可以通过收取维修费和出售备件而形成稳定的利润来源。此外，由于提供维修还能显著增加机械行业的初始进入成本，因此，这又有助于阻止新竞争对手进入这个领域。正因为如此，深入研究企业的售后服务工作对任何一个正在考虑机械行业的投资者来说都是一个不可或缺的环节。

我们有足够的理由相信，绝大多数投资专家都不会否认任何具有经济价值的新型金属都会成为成长的源泉。自 60 年前初次进入商业用途，铝业已经成为一个非常重要的行业，同时它也是第一个自成一个行业的金属。几十年来，铝业一直处于不断发展之中。其增长速度甚至要超过美国工业的整体增长率。随后出现的“轻金属”——镁，也达到了同样的增长速度，它在此后 10 年里给投资者带来了同样的振奋和期待。

20 世纪 50 年代后半期，钛、锆和铍先后吸引了投资者的眼球，原子能、航空、导弹以及化工等行业的迅猛发展，也对这些具有特殊性能的金属产生了巨大的需求。如果能进一步掌握如何降低生产成本和制造难度的话，钽，尤其是铌，也有可能加入这个行列。随着科技的飞速发展，谁能保证今天看似毫无商业价值的金属或是其他物质，不会成为明天的市场宠儿呢？谁又能保证，哪些金属一定能成为未来大规模投资的载体呢？

我想，到目前为止，在谈到这个问题的时候，很多人很可能早已意识到我现在想说什么：**在确定一项投资的吸引力时，不要过分依赖于这个行业的性质，因为任何两个行业之间都不存在清晰分明的界限。**在很多情况下，我们只能凭借纯粹的主观假设，对一个大规模行业在财务上进行分类，例如食品加工行业，是否应该把这个行业划分为更多较小的门类呢？比如说肉类加工行业，烘焙或是水果、蔬菜罐头制造业。对投资者来说，要决定某个特定行业的投资特征，最重要的就是必须认识这样一个事实：一个行业会发展到什么地步，何时会出现另一个行业。为了进一步说明这个问题，我们还是先回到前一段最后提到的一个关键词。这个词就是“其他物质”。

从投资者的角度看，无论是被金融界定义为化学行业的稀有金属——钇，还是被大多数华尔街人士界定为金属行业，而不是化学行业的铝，它们之间都不存在根本性的区别。归根到底，它们都属于化学元素，都可以通过化学加工形成商业性产品。

对投资者来说，最重要的是，这两个工艺都比从地下开采钇或是铝（属于采矿业）要复杂得多，因此，相对于铝业公司与大多数生产铜、锌、铅或银等典型采矿业公司之间的差异，无论企业以投资方式参与这两个领域中的哪一个，两种金属企业之间都要接近得多。但这里还有一个必须满足的条件。在目前形势下，铜的采掘和精炼与在化学原理上较为复杂的铝或镁加工之间，几乎没有任何相似之处。因此，在投资意义上，只有从事综合业务，同时涉足铜产品加工的铜业公司，才和铝业或镁业公司存在相近之处。但这种差别并不是绝对的。多年以来，人们一直在开发新的化学处理技术，并千方百计地借助于这些新程序，让某些在经济上已经过时的金属焕发青春。

如果能证明这些方法的经济价值，那么，采矿业中的某些门类，也许将显示出完全不同于现在的投资特征。从实践角度出发，今天被我们视为采矿企业的某些公司，在若干年之后，也许会成为一家化工企业。简而言之，不同行业之间不存在明显的界限，对于整个 60 年代这样一个技术突飞猛进的时代，今天的差别到了明天，也许就不复存在。

如此说来，金融界必然更倾向于武断地对投资进行行业划分。既然如此，把这么多的时间花费在研究不同行业多种多样的特征上，是否有意义呢？从实现投资收益最大化的角度出发，我认为，这是有意义的。不妨以 IBM 的股票为例。我们完全可以依靠主观判断把他们的股票划分为如下类别：

- 电子行业；
- 机械制造行业；
- 办公设备行业。

但最根本的问题在于，在考虑这些股票的吸引力时，投资者就必须了解企业在不断开发先进设备（因为它们毕竟不属于快速磨损型的设备）以及改进售后服务方面的能力，这对于评价机械类股票是至关重要的。同样，投资者还需要了解 IBM 的股票是否符合电子类股票的某些基本标准。我所说的，就是讨论电子行业时曾经提到的四个问题（即：在研发中保持领先的能力、国防业务和民用业务的相关性、产品线得到客户认可进而避免价格竞争的可能性以及销售能力）。

当然，所有这些问题都不应该免除投资者自己应该承担的责任：确定 IBM 或其他任何投资，是否符合一个管理良好的企业所应具备的其他属性，比如说，提高生产效率的能力以及人员利用率的能力。但了解行业背景的基本投资特征，确实能帮助我们在确定投资特征后，对如下问题一目了然：我们的需要以及现有投资的特征。

由于金融界一直对公认的成长型企业关注有加，因此，某些最值得期待的投资并非来自这些行业的核心，而是它们的边缘地带。例如，直至 60 年代之前的一段时间，也就是 50 年代的最后 15 个月，投资者才开始认识到，位于新罕布什尔州（New Hampshire）的小型企业——微型精密轴承公司（Miniature Precision Bearings），原来是一家颇具增长潜力的企业。该公司的主要投资特征为：它是微型滚珠轴承行业规模最大、生产成本最低的企业。相对于大型轴承或通用型轴承，这些微型轴承的优异品质似乎预示着，在未来若干年之内，企业将拥有超过市场平均水平的超额收益能力。这些产品不仅符合很多领域正在兴起的小型化浪潮的理念，而且在导弹应用领域的优势更是让投资者坚信不疑：很多军用武器系统正在成为市场宠儿的趋势已经成为定论，微型轴承的日益普及同样是不可阻挡的趋势。

与此同时，它们在高速牙钻等民用领域也得到了广泛应用。因此，微型轴承的前景已经不再局限于军事设备。令人期待的是，公司已经开始在商业制造领域初露端倪，他们所开发的大型轴承不仅同样吸引着市场的关注，更重要的是，这些享有专利权的产品已经彻底摆脱了国防用途的局限性。这些微型轴承所显露的巨大市场潜力，让很多老牌大型轴承制造商也开始跃跃欲试。然而，出类拔萃的生产技术和优异的质量控制，却让这家规模不大的公司始终在这个产品上保持着最大供应商的地位。制造技术、营销能力以及专业冶金技术的垄断，让这样一种令人羡慕的地位成为公司继续发展的强大后盾。

毫无疑问，这家公司所处的冶金行业早已风光不再，但它把自己和时下最风光的电子及机械制造业紧密联系在一起，从而为自己创造了一种强大的增长动力。公司股票之所以有这样的吸引力，在于它的技术存在难度。如果其他企业可以轻而易举地满足该领域客户的需求，达到甚至是超过领先供应商的水平，那么，微型精密轴承公司就不可能有这样的投资吸引力。

正是这种复制的难度，以及企业经营理念和管理者对这种优势地位的维护，才使得公司在 1959 年成为最具增长潜力的投资对象。相信进入 60 年代，随着生产制造技术的日趋复杂，必将会涌现越来越多这样的机会。**在选择投资对象时，尽管产品的未来增长空间，应该是投资者必须关注的主要因素，但最根本的焦点应该是，今天领先的企业是否能随着行业增长，继续保持足够的市场占有率。**

显然，这些观点并不足以反映 60 年代各行业重大投资机会所应具备的全部特征。我相信，任何人都不可能完全了解美国经济的每一个方面，即便只是一知半解，也不是一件容易的事。但我可以肯定的是，我自己绝对达不到这样的水平。所以说，在作出结论之前，还是应该提一下我看好的另一个投资宝地。那就是提供服务,而不是产品的企业，它们的目的，就是让大多数人成为自己的客户，而不是竞争对手。

我想说的行业，正在为市场提供一种日趋重要的原材料——信息。60 年代最吸引人的投资机会，也许就出现在提供信息的企业之中，因为市场对信息数量和质量的需求在与日俱增。但投资机会也不排除那些为客户提供其他类型服务的企业。整个 50 年代，邓白氏公司一直被视为投资者最向往的投资对象。该公司的基本业务就是为客户提供常规性的信贷信息。随着业务的增长，市场所需要的数据也越来越多，于是，公司就可以在不增加任何成本的基础上为客户提供所需要的信息。

同样，在 1958 年底，A.C. 尼尔森的股票首次公开上市。尽管此类公司在金融界还是一个新生事物，其投资特性并不为人所知，但却成为整个 60 年代最具诱惑力的投资类型。正是出于这个原因，我们才有必要对其进行更详细的剖析。尽管公司还从事其他业务，但主要利润来源于为众多美国消费品（罐装食品、香烟、香皂、纸制商品等）制造商及时提供最新的精确数据，帮助他们了解自己及竞争对手的产品在各领域的销售情况。所有数据都是通过对精心选定的零售机构样本进行严格审核后得到的。

由于采用了专业化手段来从事咨询服务业，因此，他们在成本上的优势是个别企业所无法企及的，即使是多家公司联合操作，也不可能达到他们的水平。在这种情况下，其他外来的竞争对手根本就找不到插足这个领域的机会，除非现有企业的服务质量大幅降低——但这同样是不可能的事情。与此同时，公司自身的业务也在逐年增长。3 种相互独立的力量促成了这种势不可当的增长。这 3 种因素分别是：

- 现有客户开始在越来越多的领域内使用这种服务；
- 企业针对越来越多的产品开发相关服务——这种力量在未来将体现出越来越大的影响力；
- 咨询服务在国外客户中的普及，已经使这一领域开始显现出盈利趋势。

最后一点，在过去几年里，随着电视评级和优惠券服务所带来收入的稳定增长，A.C. 尼尔森在这两个领域也开始盈利。在现有业务持续增长的同时，越来越多的新业务也正在显示出强大的增长潜力，因此，我们就可以心安理得地看到：仅仅在公司股票上市的 6 个月之后，投资者就获得了丰厚的利润，而大型机构投资者也意识到，这是一种在内在安全性方面完全满足投资要求的成长型股票。

也许有人会问，为什么要这样费尽口舌地去谈论 A.C. 尼尔森呢？这是因为，就其根本性质而言，这是一种极其特殊的业务，它代表了一种特殊的投资机会。因为从一开始，它就排除了其他竞争对手挑战的机会。当然，问题的真正答案在于，这也就是我想探讨的、即将成为绝佳投资对象的服务业。这是一种与众不同的行业，它所拥有的技术是其他很多企业所无法复制的，因而也极有可能成为最具潜力的投资。但从整体经济形势上看，服务业的增长已经远远超过了提供有形产品的业务范围。

比如说，今天登堂入室的是邓白氏和 A.C. 尼尔森，而在即将开始的又一个 10 年里，也许会有越来越多的企业成为投资领域的新宠儿。只要它们能达到成功投资所必需的每个基本要素，就注定会成为值得我们为之翘首期待的投资对象。这些基本要素无非是要具有崇高商业道德的管理，以及驾驭企业活动并实现超常增长的非凡能力。但各种各样的原因往往会让这些领域形成强大的壁垒，阻止外来者的侵入。这样，企业就可以在维护现有市场份额的基础上实现预期增长。但在服务业的某些专业领域内，由于不存在明显的自然垄断，这样，其他企业仍然有机会进入这些领域，从而与现有企业共同分享这些领域的增长。因此，只要企业具有足够的增长潜力，而管理者又具有非凡的创造力和管理能力，它就有可能异军突起，为投资者带来不同寻常的投资机会。

近期投资界经常提到的一个例子就是 A.C. 尼尔森股票的首次公开上市。但在这里我还想介绍一下 Manpower 公司。该公司成立于 1948 年，主要从事为各类企业提供临时用工的业务，它也是美国同类企业中规模最大的一家。到 1959 年 7 月，Manpower 及其特许经营人已经在美国境内的 40 个州和本土以外的 10 个国家建立了办事机构。公司的客户包括多家美国大型工业、金融和零售业公司。显然，如果公司没有真正触及市场需求的话，也不可能实现如此非凡的增长业绩。人们意识到，无论是律师事务所还是超级大型公司，尽管其工作模式有所区别，但都不能避免病假和休假现象，这就产生了通过短期雇用专业人员临时补充工作岗位的需求。

另外，在众多家庭主妇、学生、教师或退休人员等群体中，又存在着大量掌握此类技能的人员，由于无法从事全职工作，因此，他们希望能在一年的某几个月或是一个月的某几天里，通过兼职工作赚取一点外快。在这种情况下，Manpower就可以把这些闲置人员集中起来，为客户提供临时性的专业服务，并按服务时间向兼职人员支付费用，而客户既解决了寻找临时专业用工的困难，也不需要向这些兼职专业人员支付工资。

这种服务可以帮助公司规避临时用工需求方面的风险，而且考虑到目前的各种福利费、保险费和其他隐性费用等成本的节约，这就完全可以让企业按标准工资水平支付Manpower的劳务费。由此可见，公司的超凡增长也就不足为奇了。

但这种业务是否真正适合于长期投资呢？在任何一个社区，要设立这样一个企业都不需要太多的资本。只要在当地拥有足够的朋友和熟人，任何人都能笼络到这些具有专业特长的兼职人员，并以此获得可观的业务量。这样的业务，不正是那种很多人都可以轻松进入并使之变成毫无吸引力的投资吗？目前，这项服务还是一个全新的领域，因此，要真正回答这个问题还有待时日。我坚信，尽管存在种种显而易见的缺陷，但Manpower公司的固有投资价值必将证明自己，同时股价的飞速上涨也注定会成为市场接受的结果并成为客观合理的现实。

此外在开拓非相关业务方面，Manpower同样也展现出了非凡的管理才能：在公司的办公部门，包括的专业人员范围极广，从技术含量较低的速记员、配电盘操作员和文秘，到现代复杂办公设备的档案员、制表员和操作员；工业部门提供的专业技能人员范围更广泛，包括仓库工人、看门人、存货验收员、邮递员和洗车工；公司销售辅助部门除提供常规的售货员之外，还提供解说员、模特以及市场调研的信息收集员；技术部门提供的服务则涵盖诸多专业技术领域的兼职人员，比如工程师、绘图员和会计。正是凭借这些经验，公司逐步掌握了以低成本进行市场开拓和业务运作的技能。因此，如果新进入的竞争对手既没有足够的业务量又没有拓展客户以及笼络专业兼职人员经验，很难与 Manpower 公司对抗。

任何一个想在60年代服务业中寻找投资机会的投资者都必须牢记：在这个行业，任何一个能提供投资机会的新兴领域，都不可能像我们所提到的邓白氏、A.C. 尼尔森或是 Manpower 这么令人振奋，即使是邓白氏、A.C. 尼尔森或是 Manpower，它们所具有的投资吸引力也各不相同。这些领域所固有的不同本质决定了它们并不适合于长期投资。但对每个投资对象，投资者都必须回答以下 3 个问题：

- 这个领域能否带来令人期待的增长；
- 公司管理是否名副其实的出类拔萃；
- 一旦在这个领域中取得领先地位，是否能阻止其他企业无法进入这个领域，或者即使能进入这个市场，也只能在领先企业的压制下参与竞争。

只有能对这三个问题作出肯定答复的服务领域，才有可能成为投资者的天堂。一个能在这三个问题上作出肯定答复的股票，注定会成为未来 10 年内最值得期待、回报最丰厚的股票。

战后初期的虚假成长型股票

众多投资者的业绩不尽如人意，其中一个最重要的根源，就是他们往往习惯于不加分辨地盲从这样一种观点：昨天就是明天的序幕，刚刚发生的事情肯定还会在不久的明天延续下去。

投资者已经意识到，很多投资载体会比铁路股票拥有更光明的投资前景。若干年之后（几十年也许未必恰当），那些能深刻体会这一点的机构投资者，必将会以股票形式持有这些企业的大量股份，其中最主要的原因在于，这种做法已经成为整个投资界的共识。同样，造纸、水泥和木材加工等某些行业的股票价格也一直表现出相当可观的增长趋势。如果把 20 世纪 50 年代末期的股价与它们在此前 10 ～ 20 年的价格进行对比，我相信，它们中的很多都在享受着投资者众星捧月般的青睐。但那些目光锐利的投资调查机构总有一天会发现，这种盲目的追捧是不合情理的。

这些行业的特点之一就是资金需求异常巨大。水泥厂或木材厂单位吨产量所需要的投资是相当巨大的。尽管木材加工厂并不需要巨大的初始投资，但数量可观的木材存货以及加工设备，同样也需要不少的投资。此外，获取林地资源也需要付出一笔高昂的费用。现在，我们再看看延续于整个 20 世纪 30 年代的经济大萧条。当时，造纸、水泥和木材都已经成为最没落的行业。每个行业或多或少都存在一定的产能过剩问题，这导致工厂大量闲置，或是工厂利润微薄、经营惨淡。最终的结果是，尽管股票的销售价格基本能与收益能力相互匹配，但和水泥厂、造纸厂以及林地所代表的历史成本相比，仍存在着大幅的下降空间。

在“二战”结束后不久的一段时间里，这些行业也曾经历了翻天覆地的变化。这些变化体现在两个方面：一方面，经济的快速增长几乎影响到每个行业，这意味着，市场对水泥、纸张以及木材的需求，不仅超过了战前，而且也刺激了整个行业的产能，并且让新建工厂成为满足市场需求不可避免的手段；另一方面，还有一种重要的力量开始浮出水面，那就是战后螺旋式上涨的通货膨胀，导致成本结构发生了变化，造成水泥或纸张工厂增加单位产量所需的成本远远超过 20 世纪 20 年代的平均水平——那也是兴建工厂最集中的一段时期。同样，购买单位面积的林地也需要支付与资产价值相对应的成本。

它们对生产设施的需求是实实在在的，因此，为保证这些新建工厂能实现正常盈利，市场开始对价格进行结构性调整。在这种情况下，市场运行必然会以战后的成本为基础。但我们还要看看战后新建工厂的盈利能力，它们毕竟是这些行业的主要产量来源。由于这些工厂都是在计划产量条件下运行的，因此，与战前在产量过剩条件下运行时的情况相比，它们在利润上必然会出现大幅增加。除此以外，成本上的竞争优势再加上非常有利的价格结构，也为这些新建企业带来了可观的利润。在这种情况下，经营利润或是这些水泥、木材和造纸类股票价格的直线飞涨，也就不足为怪了。

我有理由相信，在 60 年代的这些行业中，之所以说它们大多将会成为出类拔萃的投资对象，并不是因为这些股票的价值在战后初期出现令人不可思议的剧增毫无道理，而是因为两个共同促成这种股票投机性暴涨的因素将不复存在。作为其中一个因素的通货膨胀很可能还会像不久之前那样持续下去。但随着这些行业的普遍走强以及持续增长趋势的日趋明显，我们几乎不可能再次看到以下两种力量的共存：通货膨胀的不断加剧，以及这些股票以“基本价值”为基础，按正常的盈利水平确定其市场价格——而这个价格水平，恰恰是这些股票价格全面上涨的根本原因。

我们不妨比较一下水泥、造纸和木材类股票与化工、电子和医药类股票。20 世纪 30 年代后期，后者的收益率很少低于 10%。很多股票都达到了很高的市盈率，市价大多为账面价值的若干倍。而此后出现价格大幅上涨的几乎完全是这些企业在此期间推出的新产品，在很大意义上，研发和工程设计方面的巨大投入是这些新产品出现的根本原因。同样，这又必定会带来 60 年代的继续增长。这一点绝不同于在其他几个行业曾经发挥巨大作用的“一夜暴富”，甚至是“一步登天”般的变革。

当然，尽管每个企业之间都存在着这样那样的差别，但在考虑到个别企业的情况之前，我们还不应该这样对某个行业一概而论。尽管有些企业也试图在瞬息万变的化工和电子行业争得一席之地，但由于缺乏开发新产品的能力，以至于他们只能面对不断萎缩的销售。相比之下，像斯科特（Scott，美国著名纸业公司，20世纪60年代前曾是全球造纸业的霸主。——译者注）和克罗泽勒贝奇（Crown Zellerbach）等某些高人一等的造纸企业，却能通过在关键性新产品上特有的研发和营销能力，不断扩大自身业务。而这种增长恰恰又是最有可能实现股东收益增长的途径。

战后，在餐巾纸、手巾纸、纸杯，尤其是牛奶和冷冻食品包装纸等一系列纸制产品领域，人均消费量飞速发展，所有这一切，都无可争议地验证了斯科特和克罗泽勒贝奇等企业在管理上的卓尔不群。但随着塑料及合成纺织品价格的持续下降以及它们在性能方面的日益多样化，化工行业对一次性纸杯、某些冷冻食品容器以及干洗店装衣袋等以往被纸产品垄断的市场提出了新的挑战，这已经成为不可否认的现实。因此，我们也许可以饶有兴趣地去观察一下，占据业内领导地位的纸产品企业是否能够抵挡这些挑战，保护他们精心打造起来的纸产品业务，或是面对不断完善的合成纺织品行业，在一次性纸制服装等领域不断开拓新商机。

同样值得我们探讨的是，在近年备受市场瞩目的诸多行业中，还有一个行业也许不会在60年代重现战后初期的辉煌，它就是石油行业。在整个50年代末期，该行业一直难以博得投资者的好感。即使是到了1958年，投资机构也没有对这些股票产生激情四射的冲动。但大多数机构投资者持有的石油类股票，还是要高于其他任何行业。由于众所周知的原因，使得这些数字并没有什么说服意义，因为它们在某种意义上毕竟还依赖于我们对行业界限的主观定义。

但由此以后，金融界却突然开始对石油类股票超常地倾心痴迷。这里面的原因很多，我很难一一道来。在美国，石油需求量的年增长率一直略低于市场预期。此外，另两个因素也在进一步削弱石油需求的预期增长率：一个是美国公众对耗油量更低的小型或“经济型”汽车，表现出了不可思议的热情；另一个因素则是其他燃料对工业及航空用油在价格上的挑战。与此同时，随着国内越来越多浅层易开采油田的发现，替代天然石油的成本也一直在不断减少。另一方面，国外市场也开始受到美国人的青睐。国外石油需求量的年增长率越高，探明的高产油田数量越多，“国际企业”就似乎越有可能对纯国内企业的通病形成免疫力。但时至今日，极端国家主义浪潮以及对“外国石油剥削者”的普遍性敌视态度，正在阿拉伯国家、委内瑞拉以及印度尼西亚等产油国日渐兴起。最不利的局面，也许就是所在国直接对外国石油公司实行征税措施；而最乐观的情况恐怕就是大幅增税。考虑到这些，我们也就不会感到奇怪。很多敏锐的投资者会思考：既然销售额、收益在持续增长，新探明的石油储量也不断增加，那么，这个在以往15年里始终表现强劲的行业，他们是否参与得还不够多呢？

很多和我一样的人都认为，对于大多数人而言，唯一值得持有的股票，就是能在未来具有超常增长潜力的股票。我认为，投资者有足够的理由去关注当前市场对石油股的评价。决定大多数石油生产企业利润水平的主要因素，仍然是产品的价格，相对其他很多行业，这一点显得更为突出。随着新油田的发现越来越困难（因而开发成本也越来越高），和其他任何行业一样，石油行业的工资成本和其他成本也在不断上涨。因此，大多数石油公司的收益增长还依赖于价格的进一步提高。尽管世界各地的新探明石油储量仍然相当可观，但我仍然相信，这种增长根本就不可能是世界性的。从国内角度看，由于现有价格结构取决于政府的进口配额以及各州的强制性摊派，因此，大幅提价在政治的角度来说是难以接受的。

可一旦目前的市场条件发生变化，石油类股票就会让很多曾经激情四射的拥护者大失所望，因此，我相信，这肯定会让那些诽谤者醒悟。有些人可能担心政变或是地方性政治事件导致美国大型石油公司的资产被国家征用。但石油供应的过剩则会降低该行业对股票投资者的吸引力，因此，在很长一段时间内，大多数国家还不至于采取这样的过激行为。伊朗曾经在 20 世纪 50 年代中期尝试过收购国外石油公司股份，但他们的经历告诉我们：炼油厂的石油在经济用途上还没那么重要。要发挥这些石油的经济价值，就必须把它们输送到其他内陆国家的市场上进行销售。而只有大型公司才拥有输送石油所需要的管道和储存设施，把石油运输到销售点，而且也只有他们，才有能力完成石油在这些市场上的销售。与此同时，尽管目前的石油供应相当充足，但如果任何一个国家或政治群体限制石油供给，其他地方就很可能会出现石油短缺。而加拿大、委内瑞拉、印度尼西亚、中东阿拉伯国家以及伊朗（不属于阿拉伯国家）等诸多国际团体，又很难在行动上达成协调。目前，北非以及拉美其他地区正在兴建大型储油设施。

在这种情况下，决定石油供应的谈判主动权并不在产油国手里。尽管暴乱或变革在任何时候都有可能控制和暂停某个国家的石油生产，但在目前的整体形势下，这种举措的力量是微不足道的，最多也只能是暂时性的。尽管产油国并没有掌握谈判的主动权，但他们的力量依然不可撼动。按我的猜想，近期的趋势还将延续下去。这些国家的税赋征收（或是他们在总利润中所享有的份额，两者的作用是一样的）将稳定而缓慢地递增。这就意味着，每增产一桶石油，石油公司的每桶收益就会减少一点。因此，我还可以进一步推测，两种力量将会相互抵消。也就是说，在不远的未来，巨型石油公司的股票既不可能有此前那么强劲的表现，也不可能像某些杞人忧天者担心的那样，成为投资风险的来源。

如果我的判断正确无误，那么所有这一切都将告诉我们：尽管某些经营良好的大型美国石油公司对未来充满希望，但投资石油公司的黄金时代应该已经结束。如果这个曾经令投资者欣喜若狂的领域已经告别了我们，那么，另一个令人期待的能源行业马上就将拉开帷幕，为我们带来新的希望。机械制造以及煤炭化学加工行业的稳步发展，必将给那些不乏创造力和远见者的煤炭企业创造新的发展契机。